Die 50 größten Wein-Lügen!

Die gängigsten Irrtümer rund um Winzer, Weinkarten und Vinotheken

Titel: Groll, Holzer, Schrampf – Die 50 größten Wein-Lügen

www.hubertkrenn.at

Lektorat: Anke Weber

Fotos: Georg Michael Thellmann, PhotoDisc, Directmedia Publishing GmbH sowie aus den Bildarchiven von Hubert Krenn VerlagsgesmbH und Peter Furian

Umschlag, Layout und Satz: Peter Furian – www.furian.at

Druck und Bindung: Druckerei Theiss GmbH, A-9431 St. Stefan

ISBN 3-902351-84-5

Markus Groll · Florian Holzer · Luzia Schrampf

Die 50 größten Wein-Lügen!

Die gängigsten Irrtümer rund um Winzer, Weinkarten und Vinotheken

- Zu Käse nur Rotwein?
- Die objektiven Weinkritiker?
- Aufzuckern verboten?
- Wein, der Gesundheitsturbo?
- Ein reines Naturprodukt?
- Miese Qualität im Supermarkt?

KRENN

INHALT

INHALT

Die 50 größten Wein-Lügen

20 Jahre nach dem Weinskandal

Je höher der Kultfaktor, umso größer die Aufregung, wenn Prämissen hinterfragt werden. Wer Elvis Presley als „King" verehrt, will nicht hören, wie psychisch und physisch kaputt der Sänger war und wie erbarmenswert er zum Teil seine Auftritte zuletzt bestritt. Wer durchtrainierte oder gertenschlanke Körper anbetet, wird sich gegen jede Erkenntnis wehren, im Übereifer einer Fitness- oder Diät-Lüge auf den Leim gegangen zu sein.

Und wer aus der Weinwirtschaft eine Religion mit Kultstätten macht – neuere Verkostungstempel wie das Loisium im niederösterreichischen Langenlois reizen den Spielraum bis jenseits der Schmerzgrenze aus –, sieht in dem vorliegenden Buch über die 50 größten Wein-Lügen eine Häresie, also Gotteslästerung.

Wein: sinnliches Erlebnis

Genau das soll es nicht sein. Das Buch ist aus Sympathie zur Landwirtschaft im Allgemeinen und zu Weinbauern insbesondere entstanden. Weintrinken als sinnliches Genusserlebnis zählt – wie viele andere sinnliche Erlebnisse auch – für die Autoren zu jenen Seiten der Menschheit, die ohnehin viel zu oft der Ratio geopfert werden. Kontemplation statt Hektik wäre notwendig, Wein kann dazugehören.

Allerdings: Aus dem Wissen um die Mechanismen im Weinbusiness und auf der Grundlage ihrer jeweiligen Fachkompetenz als Journalisten haben sich die Autoren eine kritische Distanz bewahrt. Die erlaubt es, ein von Marketingbotschaften und Eigenlob befreites Bild zu zeichnen. Zum Wohle der Leser dieses Buches, den Weinkonsumenten: Denn in dem derzeitigen Hype von Weinreisen, Gesundheitsversprechen und Starwinzertum wird der Kult auch aus wirtschaftlichen Gründen gehegt und gepflegt. Und immer dann – egal ob bei Fitness, bei Diät oder beim Wein – sollten Konsumenten besonders vorsichtig mit Versprechen der Produzenten, des Handels, der Gastronomie, ihrer jeweiligen Marketingabteilungen und der Journalisten umgehen. Denn vieles, was verbreitet wird, hat mit der Wirklichkeit genauso wenig zu tun wie die Reblaus mit dem Staatsvertrag.

Das Buch richtet sich also in erster Linie an Weinliebhaber, die aus Sicht des Konsumenten an das Thema herangehen. Ganz nebenbei werden auch Insider aus dem Weinbusiness über manch erfrischend unbeschwerte Hinterfragung scheinbar unverrückbarer Prämissen der Weinwelt erstaunt sein.

Aber das hat nicht nur aus Konsumentensicht mehr denn je seine Berechtigung, um nicht zu sagen Notwendigkeit. Denn 20 Jahre nach dem Weinskandal klaffen selten in der Lebensmittelbranche Bild und Wirklichkeit so weit auseinander wie beim Produkt Wein.

Die Marketingabteilungen haben ganze Arbeit geleistet – in den Köpfen vieler Konsumenten ist Wein als Getränk verankert, das sozusagen direkt von der Traube in die Bouteille gelangt, gestreichelt von den liebevollen Händen der Winzer, während die Sonne glutrot hinter dem Neusiedlersee versinkt. Seitenlange Berichte über das Weinwunder Österreich haben ihre Wirkung nicht verfehlt. Das Skandal geschockte Österreich wollte es so glauben. Aber auch die Weinwirtschaft selbst, die langsam beginnt, die selbst lancierten Jubelberichte für die einzige Wahrheit zu halten. Das könnte sich bitter rächen.

Geänderte Wirklichkeit

Wein ist, auch unter dem internationalen Wettbewerbsdruck, ein Business wie jedes andere geworden – zumindest wie das jedes anderen agrarischen Produkts. Jahrzehntelanges Herumprobieren ist gezieltem Weinausbau gewichen. Die Abläufe in Weingarten und -keller werden immer gestaltbarer. Das ist an sich weder gut noch schlecht, sondern wertneutral zu sehen. Wein-Lügen entstehen allerdings dann, wenn das im Marketing und in der Eigendarstellung vermittelte Bild nicht mehr mit dem tatsächlichen übereinstimmt – und den Preisunterschied auch noch der Konsument bezahlt.

Und das passiert öfter, als so mancher Weinlobbyist gerne glauben möchte. Ein mündiger Konsument will wissen, wie Wein wirklich produziert wird. Dass der Winzer lange nicht mehr so stark von den Witterungseinflüssen abhängig ist, wie noch vor zehn Jahren. Dass das Weingesetz nicht nur die Praktiken der Winzer regelt, sondern umgekehrt die

Praktiken der (auch internationalen und europäischen) Weinwirtschaft zunehmend das Gesetz beeinflussen. Dass Weingeschmack nicht nur die unveränderbare Gabe Gottes aus jedem Weingarten ist, sondern – mit Grenzen natürlich, aber doch – durch den Winzer immer gestaltbarer wird. Dass scheinbar fixe Spielregeln der Weingemeinschaft nicht nur aus önologischen Notwendigkeiten heraus entstanden sind, sondern aus Konvention oder Marktdruck. Was bedingt, dass sie änderbar sind.

Und das alles hat mehrere Auswirkungen. Zum einen wirtschaftliche: Fallen nämlich diese Risikokomponenten für den Winzer weg, werden sich auch die früher zum Risikoausgleich nachvollziehbar höher ausgepreisten Winzerprodukte eine Preis-Leistungs-Diskussion gefallen lassen müssen.

Journalisten überzeichnen gerne

Zum anderen eine für die Öffentlichkeitsarbeit. Wenn diese neuen Wahrheiten nicht langsam in kleinen verträglichen Einheiten ins Bewusstsein der Öffentlichkeit einsickern und es wieder einmal zu einem plötzlichen Erkenntnisdurchbruch kommt, könnte es wie beim Weinskandal Nummer eins durchaus zu einer medialen Überreaktion führen. Journalisten – und niemand weiß das besser als die Autoren – neigen zum Überzeichnen. Wird die Öffentlichkeit nicht in kleinen Dosen über das sich wandelnde Bild der Weinwirtschaft informiert, sozusagen immunisiert, wird dieser Wissens-Gap unter Umständen einmal ein journalistisch reizvoller Anlass, ein Zerrbild, einen zweiten Skandal, zu zeichnen. Das kann niemand wollen.

Velázquez: Der Triumph des Bacchus, 1628

So gesehen leistet also das Buch „Die 50 größten Wein-Lügen" hoffentlich die längst notwendige Aufklärungsarbeit. Wer mehr zum Thema „Wein" erfahren und sich an oft kolportierten Halbwahrheiten um den Rebensaft nicht verschlucken möchte, der sollte sich an dieses neue Sachbuch halten. Denn so pointiert und provokant viele Überschriften – so vielfältig und ausgewogen ist die Argumentation dahinter. Vieles ist wissenschaftlich belegbar, so gut wie alles durch die Kompetenz des Autorenteams abgesichert. Florian Holzer ist ein profunder Kenner jeder Beziehung zwischen Wein und Essen, Luzia Schrampf eine Insiderin in Weinkeller und Weingarten und Markus Groll ein routinierter Aufdecker wirtschaftlicher Zusammenhänge. Und wenn der Schleier der Mythen und bewusst gepflogener Halbwahrheiten erst gelüftet ist, gehen Konsumenten entspannt und informiert an österreichischen – und internationalen – Wein heran, an das, was er leisten kann und was nicht. Weinherz, was willst du mehr?

Wie vergänglich Modeerscheinungen rund um Wein & Essen sind

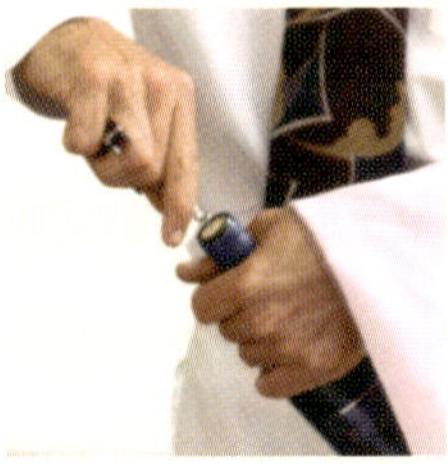

Wo Menschen zusammensitzen, werden erstens soziale Regeln aufgestellt und zweitens Geschichten erzählt – beides ein perfekter Nährboden für Irrtümer, Missverständnisse oder längst überholte Vorurteile, was den Wein, seine Herkunft und den Umgang mit diesem Getränk betrifft.

Denn so ziemlich jede Regel, welcher Wein zu welcher Speise getrunken werden muss, hat mit der kulinarischen Wirklichkeit längst nichts mehr zu tun. Auch blindes Vertrauen gegenüber dem wohlmeinenden Sommelier ist völlig fehl am Platz und genauso der feste Glauben daran, dass man dem Wein mit dem Dekantieren etwas Gutes tut. Ebenfalls überholt sind Ansichten über die Minderwertigkeit von Verschnitten, Rosés oder Spätlesen, wie ein Blick hinter die Kulissen der Weinherstellung oder über den nationalen Tellerrand hinaus relativ schlüssig beweist.

Vielmehr stellt sich heraus, dass die als unschlagbar geltende Kombination von Steak und Rotwein primär historische Gründe hat oder dass die klassische Paarung von Weißwein und Fisch schlicht auf mangelnder Experimentierfreudigkeit beruht. Außerdem belegen chemische Analysen, dass man mit Dekantieren den meisten Weinen mehr schadet als nützt, sieht man an Wein-Hitparaden, dass Spätlesen zu den populärsten Weinen zählen, die eben nur unter anderer Bezeichnung laufen, erfährt, dass Rosé (fast nie) eine Mischung aus Rot- und Weißwein ist, dass es den Prosecco durchwegs auch ohne prickelnde Kohlensäure gibt oder dass der Grüne Veltliner entgegen langjähriger Überzeugung keineswegs nur jung getrunken werden kann, sondern in seinem Alterungspotenzial sogar den legendären Riesling toppt.

Juan Gris: Stillleben mit Bordeauxflasche, 1919

Freund und Helfer?

Neben der idealen Weinempfehlung muss ein Sommelier auch das Weinlager wirtschaftlich im Auge behalten.

Ein Sommelier ist nicht nur ein Weinkellner, und seine Aufgabe besteht keineswegs nur darin, sich zu den kreativen Gerichten des Kochs irgendwelche niederschmetternd geniale Weinkombinationen auszudenken, an Wettverkostungen teilzunehmen und alte Rotweinflaschen möglichst zeremoniell zu öffnen. Auch das Klischeebild, fürs Weintrinken noch bezahlt zu werden, ist eine schlicht falsche Vorstellung.[1]

„In erster Linie ist der Sommelier – wie jeder in der Gastronomie – ein Verkäufer", stellt Karl Lettner, Präsident des Oberösterreichischen Sommelierverbandes, klar. Als guter Sommelier gelte er dann, wenn er den richtigen Wein zur richtigen Zeit verkaufe, „und nicht dann, wenn sie nicht mehr zu trinken sind".

Das Problem dabei: Sommeliers sind nur in den seltensten Fällen 100-prozentig für den Weineinkauf verantwortlich, das heißt, sie müssen Ware verkaufen, die sich entweder ein Restaurantbesitzer, ein Koch oder ein Sommelier-Vorgänger eingebildet haben. „Meistens sind da immer schon ein paar tausend Flaschen da, die man selber nicht gekauft hat", verrät Lettner aus der Praxis.

Allerdings müsse ein Sommelier ohnehin einen Überblick über das Angebot haben, sprich: vorkosten, „und im Normalfall hat man dann immer noch genug Zeit, einen Wein zu forcieren, wenn er seinen Höhepunkt zwar überschritten hat, aber noch lange nicht schlecht ist". Man könne in dieser Hinsicht einiges richtig machen, so Lettner, etwa auch unverkäufliche Ware weiterverkaufen oder an den Winzer retournieren. „Aber sicher nicht dem Kunden andrehen, das kann man sich letztendlich nicht erlauben."

Dass die Wirklichkeit ein bisschen anders aussieht und etwa schon äußerst „reife" Weine als „einmal etwas anderer" Aperitif angeboten werden, weiß freilich auch Karl Lettner. „Der Keller muss sich drehen", bekennt auch Gerhard Retter, einst Sommelier im Restaurant Hanner in Mayerling und mittlerweile Restaurantleiter im Restaurant Lorenz Adlon im Hotel Adlon, Berlin, „Leichen im Keller will sich keiner antun." Ganz abgesehen davon, dass so mancher einfacher Kellner in Unterschätzung der Komplexität der Aufgabe rasch zum Sommelier mutiert, sollte es die Situation im Lokal erfordern. Und dass der rasch wachsende Markt für den Modeberuf Sommelier (auch bei Bier, Tee usw. zu beobachten) so manche zweifelhafte Ausbildungslehrgänge hervorbringt (vor allem in Deutschland und Italien), kritisieren manche Weinexperten heftig.[2]

Generell jedenfalls verläuft die Empfehlung eines Weins im Restaurant nach drei Kriterien: Welcher Wein passt am besten zum Gericht, welchen Wein will der Gast und welchen Wein habe ich überhaupt im Keller. Mit diesen drei Komponenten müsse ein Sommelier umzugehen lernen, erklärt Retter, wobei der Wunsch des Gastes natürlich weit über der optimalen Harmonie mit dem Gericht rangiere, „es bekommt jeder das, was er will." Und dann wird jeder Sommelier dem Gast zu seiner hervorragenden Wahl gratulieren und ihn von der Erstklassigkeit seiner Wahl überzeugen. Schließlich will man ja, dass er wiederkommt. Wobei gute Sommeliers eben auch gute Verkäufer sind, bestätigt Gerhard Retter: „Ich kann nicht empfehlen, was ich nicht habe oder zu wenig habe." Aber „revitalisieren" ließe sich schließlich immer noch jede Flasche.

Das können Sie glauben:

- Vergessen Sie das Klischeebild vom Traumberuf, bei dem man zum Weintrinken in der Arbeit auch noch bezahlt wird.
- Nicht alle Ausbildungslehrgänge bringen auch wirklich kompetente Weinberater heraus.
- Ein guter Sommelier schafft den Kompromiss zwischen wirtschaftlichen Notwendigkeiten, rationeller Vorratshaltung im Weinkeller, den Gourmet-Notwendigkeiten bei den Kombinationen zum Essen und den Vorstellungen der Gäste.

Billiger Verschnitt?

Es kommt ganz darauf an, welche Weine, wie und warum verschnitten werden.

Klar, die Mutter aller Pantscherei ist der Verschnitt – Wein mit Wasser zu mehr Wein, teurer, eigener Wein mit billigem, zugekauftem Wein zu teurem, eigenem Wein, zu saurer Wein mit zu süßem Wein zu erträglichem Wein usw. Die Mutter der großen Önologie und der Weinmacherkunst ist der Verschnitt aber ebenfalls, wie ein kurzer Rundblick über die Gepflogenheiten der Weinwelt zeigt.

Für Champagner etwa werden Weine grundsätzlich aus drei verschiedenen Rebsorten unterschiedlicher Jahrgänge und diverser Chargen miteinander verschnitten, um eine kontinuierliche Qualität der Marke gewährleisten zu können. Dieses „Cuvetieren" gilt als die große Kunst der Kellermeister. Für Portwein werden Weine aus bis zu 80 verschiedenen Rebsorten verschnitten. Und beim zehn- oder 20-jährigen Tawny gilt das Alter auch nur als ungefährer Durchschnitt: Enthalten sind junge und alte Weine.

Bei den allermeisten Weinen des Bordelais ist der Verschnitt ganz selbstverständlich: Je nach Jahrgang bestehen sie aus dem früher reifenden, weicheren Merlot, dem würzigeren, Tannin-stärkeren Cabernet Sauvignon und dem erdigen, nur in guten Jahren erstklassigen Cabernet Franc. Ziel ist dabei, aus jedem Jahrgang durch Mischen der (separat in Fässern ausgebauten) Rebsorten-Weine das Optimum an Harmonie, Komplexität und Lagerfähigkeit zu erzielen. Einen Wein aus nur einem einzigen Weingarten und einer einzigen Rebsorte zu keltern, wie etwa die legendären Pomerols „Petrus" (95 % Merlot, 5 % Cabernet Franc) oder „Le Pin" (92 % Merlot, 8 % Cabernet Franc), gilt dagegen in dieser Region als verhältnismäßig „einfache" und „bäuerliche" Weinmachertradition. Bei den aristokratischen Grands Crus auf der anderen Seite der Gironde oder auch im benachbarten St. Emilion wurde dagegen immer verschnitten und gemischt. Auch hier galt das feine Händchen des Kellermeisters als anerkanntes Qualitätskriterium.

Junges Phänomen: reinsortig

Weine reinsortig und womöglich sogar nach Weingärten separiert auszubauen und abzufüllen, ist außer in Burgund und an Rhein oder Mosel in Deutschland ein vergleichsweise junges Phänomen und kommt eigentlich aus den USA: Dort wurden die „varietal wines" (Rebsorten wie „Chardonnay", „Cabernet Sauvignon", „Zinfandel") in den 1960er Jahren vor allem deshalb eingeführt, um sich von den mittelmäßigen „Gattungsweinen“ („Burgundy“ für Rotwein, „Chablis“ für Weißwein) früherer Jahre abzugrenzen. Da sich gerade die Namen Chardonnay, Cabernet Sauvignon und Merlot als marketingmäßig äußerst zugkräftig erwiesen, wurde dieses System der reinsortigen Weine auch in Europa rasch angenommen und hat die Weinstilistik der alten Welt nachhaltig verändert.

Ob reinsortige Weine besser oder schlechter sind als Cuvées (übrigens, weit verbreiteter Irrtum, es heißt „die“ Cuvée und nicht „das“ oder „der“ Cuvée), ist genauso falsch im Ansatz, wie die Qualität von Musik-CDs danach zu reihen, ob ein Musiker mehrere Beiträge darauf spielt oder mehrere Künstler je einen. Die Qualität hängt immer davon ab, was die Weinmacher mit ihrem Wein vorhaben und wie gut die Qualität der Trauben war, die sie verwendeten. Generell sagt man Verschnitten/Cuvées größere Komplexität und Vielschichtigkeit nach, reinsortige Weine bringen dafür die Ausprägung der Rebsorten-Eigenschaften klarer zum Ausdruck.

▸ Klimatischer Parameter

Grundsätzlich gilt, dass in kühleren Weinbaugebieten (wie Österreich, Deutschland) Weine eher reinsortig verarbeitet werden und dabei noch ausreichend Komplexität entwickeln können, während in wärmeren Gebieten die gewünschte Vielschichtigkeit eines Produkts oft erst durch den Verschnitt mehrerer Sorten erzielt werden kann.[1] Aus dem misstrauischen Umkehrschluss vieler Konsumenten – wenn schon nicht aus Qualitätsgründen, warum wird hierzulande dann überhaupt verschnitten (etwa Überschussverwertung?) – entstand wohl der schlechte Ruf der Cuvées in unseren Breiten.

Ein besonderer Fall, der heute nur mehr sehr selten vorkommt (etwa in Châteauneuf-du-Pâpe, aber auch in Wien und der Südsteiermark), ist der so genannte „gemischte Satz“: Hier werden die Rebsorten schon im Weingarten vermischt ausgesetzt, gemeinsam gelesen und in einem Fass ausgebaut. Ziel dieser Übung war zum einen eine Risiko-Minimierung (unterschiedliche Empfindlichkeiten der Rebsorten gegen Spätfröste, Trockenheit, Schimmel etc.), zum anderen die Komposition eines individuellen Stils. So hatte der Wein jedes Weinhauers – je nachdem, wie viele aromatische Sorten oder wie viele Säuerlinge in seinem Weingarten standen – seine besondere Note. In Wien ist dieser „gemischte Satz“ immerhin noch an vierter Stelle der Rebsorten-Rangliste.[2]

Das können Sie glauben:

- In südlichen Gebieten haben Cuvées zur Erhöhung der Komplexität eines Weins mehr Berechtigung als in kälteren, nördlichen Anbaugebieten.
- Eine alte Tradition ist auch der so genannte „gemischte Satz“: Hierbei werden nicht fertige Weine miteinander verschnitten, sondern bereits die Rebstöcke im Weingarten vermischt angepflanzt.
- Mit der Qualität von Cuvées verhält es sich wie mit der Qualität von Musik-Sampler-CDs: Es kommt darauf an, was drauf bzw. drin ist.

Ohne Stiel kein Stil?

Auf das Geschmackserlebnis hat der Stiel eines Glases keinen Einfluss.

Sie ist eine der wichtigsten Regeln der Weinetikette: Der vollkommene Weingenuss setzt voraus, dass der Weinkenner das Weinglas – horribile dictu – nicht am Kelch, sondern am Stiel anfasst. Allerdings: Gerade jene Firma, die den Kult rund um das Weinglas erst so richtig initiiert hatte, schockt nun ihre Jünger: Der Glashersteller Riedel präsentierte 2004 die Serie „O", eine Kreation von Weingläsern ohne Stiel.[1]

Die Verwirrung ist perfekt – denn damit hat Erfinder Maximilian Riedel, Vertreter der Eigentümerfamilie in der elften Generation und seit Januar 2001 verantwortlich für die administrative Leitung von Riedel Crystal of America, ein Tabu gebrochen. Zeigt er doch auf, dass Fragen der Etikette nicht unbedingt von unumstößlichen Wahrheiten, sondern eher von lieb gewonnenen Gepflogenheiten dominiert werden – gerade in der Weinszene.

Freilich führt es zu Tappern oder zu Erwärmung, wenn ein Glaskelch pausenlos von warmen Fingern umfasst wird. Allerdings, so die Gegenargumente der Erneuerer: Weder stört ein Tapper am Glas den Weingeschmack, noch wird ein Glas im Regelfall permanent mit Fingern umschlossen. Und die (geschmacksverändernde) Erwärmung des Inhaltes passiert unabhängig vom eventuell angefügten Stiel. Zumindest der Werbeeffekt durch den Tabubruch ist Riedel sicher: Ein 15-prozentiges Plus beim Umsatz führt die Firma vor allem auf den Erfolg der neuen Glasserie „O" zurück. Wobei der Glashersteller am eigentlich maßgebenden Element eines Weinglases – der für die Geschmackswahrnehmung ideal geformten Kelchform – nicht gerüttelt hat. Auch hier soll die Zuführung der Aromastoffe zu den entsprechenden Geschmackszellen an Zunge und Gaumen beeinflusst werden – wobei gerade hierbei durchaus ernstzunehmende Kritiker das jahrelang tradierte, vermeintliche Gemeinwissen über die so genannte Zungenlandkarte in Frage stellen (siehe auch Kapitel „Blinde Flecken?").

Viel wichtiger und maßgebender beim Weinverkosten scheinen den Sommeliers andere den Geschmack beeinflussende Erscheinungen: Völlig kontraproduktiv etwa sei es, stark parfümiert bei Weinverkostungen zu erscheinen. Das künstlich aufgetragene Odeur beeinflusst das Weinempfinden unter Garantie stärker als jene fünf Sekunden, die ein stielloses Weinglas zum Mund geführt wird. Und ist wirklich stillos.

Dekantieren verleiht Flügel?

Die streitbare Servierkunst dieser Tage eint ein Punkt: Belüften/Abseihen ist auch für Rotweine nicht notwendig.

Kaum eine Handlung ist so mystisch besetzt wie das Dekantieren von Rotwein. Sehr zum Gefallen der Wein-Devotionalienhersteller, die ganze Regale von dazu nötigen Utensilien hervorgebracht haben: von der Karaffe bis hin zum Spezial-Versprudler. Allerdings: Glaubt man wissenschaftlichen Tests, sollte weniger der Wein als die Geheimniskrämerei rund um das Dekantieren gut durchgelüftet werden.

Dekantieren bedeutet zum einen, Wein von Feststoffen – dem Dekantat oder Depot, einem Ausfall von Tanninen, Säure und Polymerisationspigmenten – zu trennen, indem die Flasche über einer starken Lichtquelle zügig, aber vorsichtig in eine Karaffe umgeleert und der Vorgang unterbrochen wird, sobald das Depot die Schulter der Flasche erreicht.

Bodensatz

Das ist noch einigermaßen logisch – wenn auch nicht immer und überall gleichermaßen. Weinberater Stefan Pagacs – Diplom-Sommelier, Vortragender in der Weinakademie Österreichs – erklärt, nur ein Drittel aller Weine, die in Österreichs Kellern liegen, würden über genügend Depot verfügen, um ein Dekantieren zu rechtfertigen. Allerdings auch nur dann, wenn sie zu folgenden Kategorien zählen: Vintage Ports (auch dann, wenn sie jünger sind), versetzte Weine sowie die Rotwein-„Klassiker", also Weine aus der Toskana und dem Piemont der 70er und frühen 80er-Jahre des vorigen Jahrhunderts sowie reife Bordeaux-Weine. Kenner, wie der Schweizer Weinautor und Bordeaux-Experte René Gabriel empfehlen überhaupt, das Depot in ein eigenes Glas

Das können Sie glauben:

- Junge Rotweine mit hohem Tannin-Gehalt benötigen die Prozedur zwar nicht, bedanken sich für die Belüftung aber mit etwas geschmeidigerem Charakter.
- Weine, die älter sind als 15 Jahre, sollten relativ rasch von der Flasche ins Glas kommen. Wenn Depot vorhanden – einfach vorsichtig einschenken.
- Ältere Tannin-Hämmer wie Barolo oder Barbaresco können Belüftung zwar gut gebrauchen. Für jene aus den letzten 15 Jahren aber reicht die Belüftung eines guten Weinglases locker aus.
- Beim Weißwein bietet sich das Dekantieren nur dann an, wenn man sehr experimentierfreudig aufgelegt ist.

zu leeren, es absetzen zu lassen und den so gewonnenen Wein mit Freude zu trinken, wenn die Gäste gegangen sind.[1]

Aubert de Villaine, Direktor und Mitbesitzer der legendären Domaine de la Romanée Conti in Burgund, wiederum rät, den Bodensatz von alten Burgundern mitzutrinken, da er im Gegensatz zum Bordeaux-Depot nicht von ausgefallenen, bitteren Gerbstoffen stamme, sondern von Farbpigmenten, die auch nicht so kompakt seien und in der Flasche leicht umherwirbeln würden. Wer alten Burgunder dekantiere, verliere somit leicht ein Drittel der Flasche – was angesichts der Preislage eines Romanée Conti einer Tragödie gleich käme.[2]

▶ Belüften oder nicht?

Allerdings: Der weitaus umstrittenere Punkt ist das damit einhergehende Belüften des Weins zur Förderung des Buketts und der Harmonie. Émile Peynaud etwa, Professor am Institut d'Oenologie der Universität Bordeaux und maßgeblicher Önologe im Bordeaux der 1950er, 1960er und 1970er Jahre: Peynaud hält die These, dass sich das Aroma des Weins durch Kontakt mit Sauerstoff entfalte, überhaupt für önologisch unhaltbar und meint stattdessen, dass in Wein gelöster Sauerstoff immer eine ungünstige Wirkung habe, und je länger sie anhalte, desto diffuser würde das Aroma und desto weniger ausgeprägt träten Geschmackseigenschaften des Weins zum Vorschein. Dekantieren kommt für Peynaud nur dann in Frage, wenn viel Depot vorhanden ist, und auch dann nur sehr kurz vor dem Einschenken.[3]

Reinhard Eder, Leiter des Instituts für Chemie und Biologie an der Höheren Bundeslehranstalt Klosterneuburg und Bundesamt für Wein- und Obstbau, erklärt dagegen, dass der Luftkontakt des Weins beim Umfüllen in eine Karaffe durchaus Wirkung zeige, vor allem in Form von Polymerisation der Gerbstoffe, wodurch die Tannine weicher und angenehmer empfunden würden. Aber: Gerade alte Weine, die ihre Gerbstoff-Reife bereits überschritten haben, sowie Weine mit geringem Schwefelgehalt könnten durch solch eine Belüftung leicht „kippen" und würden innerhalb kurzer Zeit komplett zusammenbrechen. Eine Stunde Belüftung in der Karaffe pro Lebensjahr des Weins, so laute eine Faustregel, erklärt Eder, allerdings auch nur bis zu einem Alter von zehn bis 15 Jahren, dann zählten eher der Zustand und die Verfassung des jeweiligen Weins. Der deutsche Weinautor und -händler Bernd Kreis empfiehlt, im Zweifelsfalle das Dekantieren lieber sein zu lassen, da man gerade bei fragileren Weinen, etwa der Sorte Burgunder, mehr kaputt machen als verbessern könne.[4]

Roter mit Zimmertemperatur?

Ein anderer problematischer Punkt, der durch das Dekantieren zumindest tangiert wird, ist die Trinktemperatur. Denn durch langes Belüften in einer Karaffe neigt Rotwein natürlich dazu, die Raumtemperatur anzunehmen – und die war nur in Zeiten, da man Wein in ungeheizten Schlössern mit vier Meter dicken Wänden trank, ideal.

Generell würden bei der Trinktemperatur viele Fehler gemacht, erklärt Stefan Pagacs: Weißwein müsse mindestens mit 9 °C serviert werden, darunter könne die Zunge keine Aromen empfinden, das Maximum bei Weißwein liege bei 16 °C, je wärmer, desto ausgeprägter könne man die Geschmacksnuancen empfinden. Die ideale Trinktemperatur für Rotwein liege indes bei 18 bis 20 °C, alles darüber führe zur Verdunstung von Alkohol und damit zu einer unharmonischen Betonung der Alkoholkomponente.

Zu Fisch nur Weißwein?

An und für sich keine schlechte Wahl – aber manchmal passt der Rotwein einfach besser.

Derzeit herrscht in der internationalen Sommellerie die große Götterdämmerung der Weindogmen.

Neue Weine aus neuen Ländern, die Revolution der abendländischen Küchenlandschaft zum Beispiel durch Fusionen mit südostasiatischen Aromen zwingen Sommeliers zum Umdenken. Ein selbstbewusstes Publikum will sich von den so genannten 16 goldenen Grundregeln der Harmonielehre nur ungern den Abend im Restaurant verkomplizieren lassen.[1] Sogar das führende amerikanische Weinmagazin, The Wine Spectator, empfiehlt seinen Lesern, den Wein zu trinken, der ihnen schmeckt, und dazu das Gericht zu wählen, das ihnen schmeckt – na ja.[2]

Wobei die Amerikaner da tatsächlich etwas zu weit gehen, denn einige Regeln der Kombination von Wein und Essen machen durchaus Sinn, sei es der Ästhetik wegen, sei es aus Gründen der Chemie. Im Falle von Fisch verhält es sich jedenfalls so, dass (Weiß-)Weinsäure die Salzigkeit von Fisch mildert, diese wiederum die Frucht des Weins unterstützt. Allerdings hängt die Wahl des Weins von der Art des Fisches, von seiner Zubereitung und von seinen Saucen ab. Weshalb man zur Forelle blau mit einem kühlen Riesling oder Veltliner sicher gut bedient ist, bei gebratenen, geschmorten oder gegrillten Meeresfischen ein leichter Rotwein mit etwas Säure und wenig Gerbstoffen aber höchstwahrscheinlich die bessere Wahl ist, wie der deutsche Weinhändler Olaf Wilhelm in seinem Buch erläutert.[3]

Generell kann man davon ausgehen: Je kräftiger der Fisch ist, desto kräftiger kann auch der Wein sein. Der unangenehm metallische Geschmack, den die Kombination von Tanninen und Fisch-Eiweiß ergibt, lässt nämlich nach, je fetter der Fisch ist. Aal etwa ist ein klassischer Rotwein-Fisch, vor allem dann, wenn er in Rotwein geschmort wird, Fischeintöpfe mit hohem Tomaten- und Paprikaanteil verlangen ebenfalls eher nach einem leichten Roten, und wenn der Fisch gar mit Speck umwickelt und gebraten wird, dann ist der rote Wein nahezu obligat.

Hermann Botolen, Sommelier im Restaurant Meinl am Graben, empfiehlt in solchen Fällen vor allem Pinot Noir und St. Laurent, „mit wenig Holz, nicht zu stark". Angenommen werde diese Kombination aber eher „nur von Winzern und Weinprofis, 95 Prozent der Gäste bleiben konservativ und daher beim Weißwein".

Käse mit Begleitung?

Steak, Käse: Die oft beworbenen Rotwein-Klischees müssen nicht zwingend die idealen Kombinationen sein.

Die Kombination von rotem Fleisch und rotem Wein gilt geradezu als idealtypisch. Und zweifellos harmoniert gerade ein am Rost und über offener Glut gegrilltes Steak mit besonders herben, Tannin-betonten Rotweinen mit merklichem Barrique-Aroma wirklich recht gut, und sei es, weil beide Komponenten als besonders „männlich" gelten. Wird das schöne Steak allerdings nicht gerade zu „Tierkohle" verbrannt, kann ein kräftiger Weißwein mitunter mehr aus dem aromatischen Fleisch herausholen als ein roter Härtling; es kommt letztlich ganz auf die Sauce an.

Dazu schreibt der Weinhändler Olaf Wilhelm: „Dieser Regel (Rotwein zu gebratenem Rindfleisch) muss man sich nicht beugen, da auch eine Reihe von üppigen, gereiften Weißweinen sehr gut zu diesen Speisen passt. Einzig die Zubereitungsart und vor allem die begleitenden Saucen entscheiden, welcher Wein die angestrebte Harmonie verspricht."[1]

Altlast aus amerikanischer Besetzung

Tim Hanni, Master of Wine und Präsident des amerikanischen Institutes für Getränkekultur „WineQuest"[2], erklärt, dass die heute primär mit amerikanischer Esskultur in Verbindung gebrachte Kombination von Rotwein und Steak erst aus jener Zeit nach dem Zweiten Weltkrieg herrühre, als Tausende von GIs in Frankreich stationiert waren. Diese hätten Rotwein überhaupt erst kennen gelernt, sich an ihn gewöhnt

„und da Amerika ein großes, rotes Fleisch essendes Land ist, war der Rest der Geschichte relativ klar".

Aus Frankreich sei die Kombination jedenfalls nicht gekommen, so Hanni, dort habe man seit jeher den regionalen Wein getrunken, egal, was auf den Tisch gekommen sei. Am ehesten sei die Rotwein-Rindfleisch-Kombination noch eine der früheren britischen Upperclass gewesen, allerdings hätten die damals dort präferierten Rotweine („Clarets") auch eher weniger mit den Frucht- und Tanninbomben zu tun gehabt, die man heute als ideale Kombination zum gebratenen Rind erachten würde, sondern seien zumeist fragil, aromatisch und duftig gewesen.

Alles Käse, oder was?

Bei Käse, ebenfalls einem als klassisch eingestuften Aufmarschgebiet für roten Wein, sieht die Sache mit dem Rotweinklischee noch ein wenig zweifelhafter aus: Da ist Rotwein in den allermeisten Fällen die definitiv falsche Wahl. Wobei Käse generell in vier Arten eingeteilt werden kann, und zwar in Frisch- und Filata-Käse, in Blauschimmelkäse, in halbfeste Schnitt- und Weichkäse sowie in Hartkäse. Gemeinsam ist allen vier Familien, dass sie verhältnismäßig salzig, verhältnismäßig fett und verhältnismäßig würzig sind, dennoch bräuchte jeder Käse eigentlich seine eigene Weinbegleitung.

Bei Frischkäsen oder Käsen der Filata-Gruppe kann das eigentlich nie ein Rotwein sein, sondern eher ein feinduftiger leichter Weißwein, im Falle von Ziegenkäse idealerweise ein Sauvignon Blanc oder eine andere aromatische Sorte. Bei Blauschimmelkäse vertragen sich die oftmals scharfen Aromen des grünen oder blauen Schimmels und der hohe Salzgehalt gar nicht mit dem Tannin von Rotwein, hier ist aromatischer Süßwein mit nicht zu geringer Säure der ideale Begleiter – Ausnahme: englischer Stilton, der mit Portwein eine gute Partnerschaft eingeht.

Auch bei Weichkäsen mit weißem Schimmel oder Rotschmiere erweisen sich Weißweine mit etwas Restsüße als die bessere Wahl, auch süße Spät- oder Auslesen passen großartig dazu, etwa Weine aus der Thermenregion. Hartkäse ist der einzige Fall, in dem Rotwein denkbar wäre, allerdings auch eher von der samtig-fruchtigen Art, keineswegs Tannin-Monster, das wäre ein Gemetzel ohne Sieger. Beim Käse muss sich der Wein immer unterordnen – einzig zu Parmesan kann der Rotwein gar nicht kräftig genug sein. Allerdings fährt man auch hier mit leicht restsüßen Weißweinen weitaus besser.

Das können Sie glauben:

- Mehr als das Fleisch sollte die Sauce die Weinwahl beeinflussen.
- Wird Steak nicht gerade zu „Tierkohle" verbrannt, kann ein kräftiger Weißwein mitunter mehr aus dem aromatischen Fleisch herausholen als ein roter Härtling.
- Trinken Sie den Rotwein zügig aus, denn wenn der Käse kommt, wird's wieder weiß und ein bisschen süßer.

Prosecco: Parla italiano?

Prosecco ist nicht italienisch für Sekt, sondern eine Rebsorte – auch für „stillen“ Wein.

Prosecco ist das Erfolgsmodell des italienischen Schaumweins – vor allem im deutschsprachigen Raum, in dem sein Name dem Wort „Sekt“ so ähnlich ist. Das führt zum weit verbreiteten Irrtum, dass Prosecco quasi die italienische Übersetzung davon ist. Die Gleichsetzung kommt vielen Winzern gar nicht so ungelegen, ist doch seine Herstellung im Gegensatz zum ebenfalls sprudelnden Sekt nicht ganz so aufwändig, weil die Kohlensäure relativ billig zugesetzt werden kann (die so genannte Karbonisierung findet bei etwa zehn Prozent aller Schaumweine statt).[1] Außerdem war Prosecco Frizzante bis zum Frühjahr 2005 mit geringerer Schaumweinsteuer belegt – ein Marketingvorteil, der mittlerweile weggefallen ist. (Die Schaumweinsteuer wurde abgeschafft.)

Tatsächlich handelt es sich beim Prosecco um eine wahrscheinlich uralte Rebsorte, die schon zur Zeit der Römer unter dem Namen „Pucino“ bekannt war,[2] und deren Ursprung man im Karst nordöstlich von Triest vermutet.[3] Ihre Verbreitung in Venetien erfuhr die reich tragende und säurereiche Rebsorte vor etwa 200 Jahren, die Sorte „Prosecco Balbi“ setzte sich durch. Zum Schaumwein wurde der Prosecco[4] höchstwahrscheinlich aufgrund der Tatsache, dass er so spät reif wurde und daher erst bei recht kühlen Temperaturen in die Keller kam – wo seine Gärung im Winter oftmals stecken blieb, im Frühling wieder startete und der Wein so mit reichlich Gärungs-Kohlensäure in die Flasche kam. Seit 1969 besitzt der „Prosecco di Conegliano Valdobbiadene“ jedenfalls ein DOC-Siegel.[5]

Heute wird die zweite Gärung kontrolliert und in großen Stahltanks durchgeführt, er kommt als Frizzante mit mindestens 10,5 Prozent Alkohol vor oder als Spumante mit höherem Kohlensäure-Druck und mindestens elf Prozent Alkohol. Prosecco muss allerdings nicht immer sprudeln, es gibt ihn auch als Stillwein – von den etwa 30 Millionen erzeugten Flaschen Prosecco immerhin eine Million.

Da der Prosecco nach einer Rebsorte und nicht nach einer Landschaft (wie „Champagne“, „Franciacorta“ oder „Asti“) benannt ist, lässt sich der Name – sehr zum Bedauern der mehr als 120 Mitgliedsbetriebe des Consorzio – nicht schützen; mit dem Effekt, dass zum Beispiel auch in Argentinien Prosecco-Stöcke gepflanzt wurden und dort argentinischer Prosecco erzeugt wird.

Gib dem Affen Zucker?

Spätlesen können trocken, Süßweine gut kombinierbar mit Speisen sein – ganz entgegen ihrem Image.

Süßweine schmecken nur süß und passen eh zu nix. „Irrtum ..., äh Lüge", sprach der Hase. Genau das sind Süßweine nicht. Das kann nur jemand behaupten, der offensichtlich niemals Süßwein probiert hat.

Kombinationsfähig

Zu der Liga, die im Volksmund Süßwein genannt wird und in Österreich offiziell Prädikatswein heißt, zählen jene Weine, die bei der Lese ein Mostgewicht von mindestens 19° Klosterneuburger Mostwaage (1° KMW = 1 kg Zucker auf 100 kg Most) aufweisen.

Süße im Most bedeutet nicht automatisch Süße im Wein. Es gibt mehrere Intensitätsabstufungen, die sich in Folge bei weitem nicht nur als Begleitung zu Süßspeisen eignen. Eine Spätlese ist sehr oft trocken durchgegoren (das heißt, der im Most vorhandene Zucker wurde durch die Hefe vollständig zu Alkohol und Kohlensäre umgewandelt) und hinterlässt – so das Ideal – dank des ebenfalls entstandenen Glyzerins ein rundes volles Gefühl im Mund („vollmundig"), das sich beispielsweise zu Gebackenem und anderem Herzhaften der österreichischen Küche ziemlich gut macht.

Auslesen, die in den vergangenen Jahren von Produzentenseite etwas vernachlässigt wurden, aber derzeit ein erfreuliches Revival erleben, passen hervorragend zu den scharf und intensiv gewürzten Speisen der asiatischen und orientalischen Küche, aber übrigens auch zu Wildgeflügel wie Fasan. Eine weitere Kombination mit großem Suchtpotenzial ist Blauschimmelkäse und eine intensive Beeren- oder Trockenbeerenauslese.

Eine Frage des Images

Süßweine haben ein Imageproblem: Einerseits sind wir stolz, dass es ihn gibt. Alois Kracher aus Illmitz war mit seinen

Wie kommt der Zucker in den Süßwein?

Dazu gibt's verschiedene Möglichkeiten:

- Erstens man friert den Wasseranteil aus den Beeren aus wie bei der Eisweinbereitung: Entweder auf natürliche Art durch Abwarten, bis es einige Tage minus 7 °C und darunter hat (der österreichische Weg). Oder durch Kryoextraktion das heißt, man bringt die Trauben ins Kühlhaus (hierzulande außer bei Tafelwein verboten), was auch einiges an Energiekosten verursacht.

- Zweitens durch Eintrocknen von Trauben auf Schilf- oder Strohmatten, wie es bei Schilf- oder Strohwein gemacht wird, bis sie rosinenartig werden, um sie dann weiterzuverarbeiten.

- Oder drittens durch Edelfäule, Botrytis cinerea (Grauschimmel), die edelste aller Arten, weil diesen Vorgang ausschließlich die Natur und nur bei bestimmten Wetterbedingungen bewirken kann. Und die treffen nur in wenigen weintauglichen Gegenden dieser Welt einigermaßen verlässlich ein: in Bordeaux, vor allem in den kontrollierten Anbaugebieten Sauternes und Barsac, in Tokaj im Nordosten Ungarns und im burgenländischen Seewinkel. Botrytis cinerea ist ein Pilz, der – kommt er zum richtigen Zeitpunkt und trifft auf ausgereifte Beeren – die Beerenhaut perforiert, wodurch das Wasser verdunstet und der Inhalt konzentriert wird.

- Chaptalisieren, die Beigabe von Rübenzucker, ist übrigens bei Prädikatsweinen verboten.

Süßweinen einer der Ersten, der es geschafft hat, Österreich wieder zurück auf die Wein-Weltkugel und in die Köpfe internationaler Kritikergurus zu setzen. Andererseits wollen Süßwein hierzulande nur wenige trinken. 70 bis 80 Prozent der österreichischen Süßweinproduktion gehen in den Export, in die USA und die Beneluxstaaten, nach Großbritannien und neuerdings nach Japan. Vielleicht weil man seit dem Weinskandal 1985 noch immer Vorbehalte gegen allzu Süßes hat. Oder weil sich „g'standene" Weintrinker lieber Tannin von der Zunge hobeln und den Süßwein als „liebes und harmloses Getränk für die Oma" abtun.

Nomen est omen

Spätlese mindestens 19° KMW Zuckergradation wird nach der Hauptlese der jeweiligen Rebsorte gelesen. Auslese (21° KMW) ist aus ausgewählten gesunden, vollreifen und nicht edelfaulen Trauben. Beerenauslese (25° KMW, BA) ist aus überreifen und edelfaulen Trauben und Trockenbeerenauslese (ab 30° KMW nach oben offen, TBA) vor allem aus edelfaulen und eingetrockneten Trauben. Eis-, Schilf- und Strohweine liegen bei 25° KMW. Sozusagen als Sonderklasse kommt noch der Ruster Ausbruch dazu, eine Spezialität ebendieser burgenländischen Stadt, die bei der Lese 27° KMW haben muss, aus überreifen, edelfaulen oder auf natürliche Weise eingetrockneten Beeren stammt und dessen Most zur besseren Auslaugung Traubenmost oder Spätlesewein derselben Lage zugesetzt werden darf.[1]

Und das soll schmecken?

Guter Süßwein sollte immer ein gerüttelt Maß an Säure als Konterpart haben, sonst schmeckt er klebrig-süß und das war's. Dazu kommen Aromen aus den Rebsorten und jene der Botrytis, sofern es ein Wein ist, der durch Edelfäule entstanden ist. Rebsorten wie Muskat Ottonel oder Scheurebe bringen aromatische Aspekte in den Wein, Grüner Veltliner hat eine interessante würzig-erdige Komponente. Welschriesling steht im trockenen Bereich für intellektuell mäßig herausfordernde, aber süffige und jung zu trinkende Weine. Im Süßweinbereich spielt er in der Oberliga und zeigt sich in seiner besten Ausprägung würzig, aromatisch und komplex. Eiswein brilliert gerne mit exotischen Fruchtaromen, und bei Schilf- und Strohwein kommt eine rauchig-strohige Komponente dazu.

Das können Sie glauben:

- Wagemut zahlt sich aus. Süßweine schmecken zu mehr Speisen, als man sich zu denken traut.
- Andere mögen untergehen, aber Weine mit spürbarer Restsüße wie Auslesen sind in Kombination mit scharfen oder intensiv gewürzten Speisen welcher Küche auch immer unschlagbar.
- Traminer- oder Trockenbeerenauslese kann man durchaus mit Schokolade, dem „Weinfeind Nummer eins", kombinieren.
- Beerenauslese oder Trockenbeerenauslesen mit kräftigen Blauschimmelkäsen wie Roquefort oder Stilton gelten als Einstiegsdroge.

Schneeweißchen und Rosenrot?

Rosé: Kein Rot-Weiß-Verschnitt, sondern Weißwein aus roten Trauben – manchmal ein Nebenprodukt.

In Zeiten der weinmäßigen Entweder-oder-Entscheidungen hatte der Rosé nicht unbedingt eine leichte Zeit. Er galt – zumindest in Österreich – als eine Art önologischer Zwitter. Auch die Meinung von Fachleuten wie Rudolf Steurer, dass Rosé „... sicherlich kein genau zu definierendes Produkt“ sei, aber „Liebhaber (findet), die solche Produkte suchen“[1], trug zur Erhöhung seines Ansehens nicht unbedingt bei.

Besonders weit weg von der Wahrheit ist – bis auf eine prominente Ausnahme, doch dazu später – die Vermutung, dass da roter und weißer Wein gemischt werde. Im Gegenteil: Es ist sogar definitiv verboten, roten und weißen Wein miteinander zu verschneiden.[2] Rosé aus Österreich wird ausschließlich aus roten Trauben hergestellt.

Der schlechte Ruf hat aber doch einen realen Grund: Ist doch Rosé in seiner in Österreich am ehesten verbreiteten Herstellungsart („Methode Saignée“ – „Ausbluten“) so etwas wie ein Nebenprodukt aus der Rotweinerzeugung. Nach der Einmaischung der Trauben lässt man den „Seihmost“ – die Flüssigkeit, die durch den Eigendruck der Trauben entstanden ist – einfach abfließen und vergärt diesen dann ebenfalls separat in Fässern oder Tanks – voilà, ein Rosé. Doch das ist nur ein Nebeneffekt: Durch dieses „Ausbluten“ wird die zurückbleibende Rotwein-Maische sehr viel konzentrierter, das heißt, die vorhandenen Farb- und Inhaltsstoffe verteilen sich auf sehr viel weniger Flüssigkeit – eine natürliche Rotwein-Konzentration ohne größere technische Investitionen.

▸ Plötzlicher Rosé-Trend?

Diese Methode ist gerade in klimatisch weniger begünstigten Jahren, wie etwa 2004, als die heimischen Rotweine nicht allein durch die Kraft der Sonne zur erwünschten Konzentration gelangten, häufig anzutreffen. Wenn dann der Handel, wie im Frühling 2005, auch noch plötzlich verkaufsfördernd einen „Rosé-Trend" ausruft – stehen diese beiden Tatsachen höchstwahrscheinlich in direktem Zusammenhang.
Bei der traditionellen Rosé-Methode[3] hingegen wird der gemaischte Most aus den roten Trauben – je nach Jahrgang, Sorte oder gewünschter Charakteristik des Weins – nach zwölf bis 48 Stunden komplett abgepresst und sodann in Stahltanks wie Weißwein vergoren, erklärt Josef Umathum, renommierter Rotwein-Winzer im burgenländischen Frauenkirchen, dessen limitierter Rosé namens „Rosa" 2005 erstmals am Markt erschien und zur Überraschung aller in wenigen Stunden ausverkauft war. Das Ergebnis ist „ein Rosé mit Weißwein-Charakter, aber stärkerer Betonung der Gerbstoffe".

Die Ursprünge dieser Art der Weinbereitung stammen aus Südeuropa, speziell aus Südfrankreich und Spanien, wo gerade im Sommer das Bedürfnis nach frischen Weinen groß ist, mit lokalen Weißweinen allerdings kaum gedeckt werden kann. In Tavel an der südlichen Rhône besitzt sogar nur der trockene Rosé – er besteht aus Grenache- und Cinsault-Trauben – die geschützte Ursprungsbezeichnung „Appellation Controllé".

Rot und weiß – geht doch

Nun aber zur Ausnahme: Bei Rosé Champagner ist es zwar nicht verboten, „echten" Rosé zu verwenden – ohnehin bestehen fast alle Champagner aus „weiß gepressten" Rotweinen, Pinot Noir und Pinot Meunier[4] –, gemacht wird das aber kaum.[5] Warum: Schaumweine der großen Champagner-Häuser sind streng definierte Markenprodukte, die aus sehr vielen Chargen – Weine unterschiedlicher Jahrgänge und Sorten – zum gewünschten, gleich bleibenden Geschmacks-Standard verschnitten werden. Eine Rosé-Erzeugung aus einer einzigen Pressung erbrächte ein viel zu ungewisses Ergebnis. Deshalb nimmt man also „weißen" Champagner (der aus roten Trauben gekeltert wurde) und verschneidet mit zehn bis 15 Prozent rotem Wein aus roten Trauben. Sowohl die Franzosen als auch die EU drücken beide Augen zu.[6] Übrigens: Der Anteil von Rosé-Champagner am Gesamt-Champagnermarkt Österreich steigt, von 3,45 Prozent im Jahr 2003 auf 5,4 Prozent 2004.[7] Damit liegt Österreich im internationalen Vergleich tatsächlich deutlich im Spitzenfeld der Rosé-Trinker, im Vergleich zu den Franzosen lieben die Österreicher den rosigen Schaumwein aus der Champagne sehr (Frankreich: 4,7 % Marktanteil 2004). Was nun bedeuten könnte, dass dieses Getränk dem österreichischen Gaumen sehr entspricht oder dass man in Österreich auf ausgerufene Trends gerne reagiert ...

Noch drei Ausnahmen:

- Auch Rotwein wird nicht nur aus roten Trauben gekeltert – dem Chateauneuf-du-Pape etwa werden traditionellerweise auch weiße Trauben der Sorten Grenache Blanc, Bourboulenc und Rousanne beigemischt.
- Beim Côte Rôti darf Viognier heute noch bis zu 20 Prozent ausmachen.
- Und auch in den Chianti Classico können noch bis zur Lese 2006 Trebbiano und Malvasia verschnitten werden – was bei all diesen Weinen aber zu Eleganz und Finesse beitragen soll und keinesfalls dazu dient, daraus Rosé werden zu lassen.

Das können Sie glauben:

- Rosé-Weine sind keine Verschnitte aus Weiß- und Rotwein – mit Ausnahmen.
- Die klassische Rosé-Herstellung kommt aus Südfrankreich und hat hochwertige Weine zum Ziel.
- Nach der „Methode Saignée" hergestellter Rosé kann hingegen durchaus Überschussverwertung aus der Rotweinerzeugung sein.
- Glauben Sie also nicht jeden ausgerufenen Rosé-Trend, aber probieren Sie trotzdem.

Grüner Veltliner: Ex und hopp?

Entgegen ihrem Ruf hat Österreichs Grundlage für resche Spritzweine auch Alterungs- und Reifepotenzial.

Die deutschen Weinautoren Cornelius und Fabian Lange schreiben locker vom Hocker über ein beliebtes Vorurteil: Grüner Veltliner werde produziert, um die Touristen zu erschrecken, werde meistens aus großen, unförmigen 2-Liter-Flaschen ausgeschenkt, mit Mineralwasser auf Trinkstärke herabgesetzt, und man schämte sich nur deshalb nicht für ihn, weil ihn die Österreicher ohnehin schon immer selbst weggetrunken hätten.[1] Nun – die Lange-Brüder haben keine Ahnung, aber dabei sind sie in guter Gesellschaft.

Im Wein-Standardwerk schlechthin, dem Oxford Wein Lexikon von Jancis Robinson, war in der ersten deutschsprachigen Ausgabe von 1995 über Grünen Veltliner ebenfalls noch zu lesen: „Typischer Grüner Veltliner ist trocken pfeffrig und würzig, er trinkt sich jung am besten. Zwar entfaltet er sich in der Flasche nicht wirklich weiter, in besseren Exemplaren lässt er aber auch nicht etwa rasch nach."[2] Und wenngleich diese Aussage in der aktuellen Ausgabe dieser Weinbibel[3] ein wenig relativiert wird, bleibt Robinson bei ihrem vergleichsweise vernichtenden Urteil. Denn groß ist ein Wein freilich nur dann, wenn er ehrwürdig zu altern in der Lage ist, sonst ist er lediglich ein mehr oder weniger fröhlicher Stimmungsaufheller, geeignet, sommerlichen Durst zu löschen.

Scharfer Tobak für scharfes Pfefferl

Scharfer Tobak für Österreichs Nationalsorte, die gut 36 Prozent der österreichischen Rebfläche einnimmt und in Österreich gerade zu einer Art USP des österreichischen Weins stilisiert wird. Eine Wohltat für die österreichische Weinseele sind dann Statements wie etwa jene von Jens Priewe in seinem Buch „Weinwissen", in dem er erwähnt, dass sich von Grünem Veltliner, in beste Lagen gestellt, auch extrakt- und alkoholreiche Spätlesen ernten lassen, etwa im Kremstal, im Kamptal und vor allem in der Wachau. Dort werde Grüner Veltliner seit knapp 100 Jahren angebaut. In seiner höchsten Vollendung als „Smaragd"[4] ergebe er hochfeine Weine, die langlebiger als Rieslinge sind.[5]

Eine Ansicht, die übrigens auch Klaus Wagner teilt, Patron und Sommelier im Landhaus Bacher, dem vom Restaurantführer „A la Carte" mit 99 von 100 Punkten am höchsten bewerteten Restaurant Österreichs.[6] Der Grüne Veltliner habe absolut das Zeug zum großen Wein, so Wagner. Seiner Meinung nach existiere sogar keine andere Rebsorte, die in Vielfalt und Variationsbreite an den Grünen Veltliner herankomme, „vom süffigen Jausenwein bis zur Trockenbeerenauslese".

„Kompletter Humbug"

Dass Grüner Veltliner nicht altern könne, sei seiner Meinung nach jedenfalls kompletter Humbug, seiner Erfahrung nach stelle der Grüne Veltliner in dieser Hinsicht auch den für seine Methusalem-Qualitäten berühmten Riesling in den Schatten. Der mit fortschreitender Reife nämlich einen so genannten „Petrol-Ton" bekäme, einen an Diesel erinnernden Alterston, was beim Veltliner nicht der Fall sei. Der Grüne Veltliner bekäme stattdessen mit der Zeit „etwas Burgundisches", also ausgeprägte Reifearomen, die unter Fachleuten generell als Indiz für große Weine mit Potenzial gelten. 15 bis 20 Jahre Reife sei nach Ansicht Wagners beim Grünen Veltliner jedenfalls kein Problem, freilich nur bei Top-Qualitäten aus erstklassigen Lagen und mit mindestens 13 Volumprozent Alkohol, „aber da trete ich jederzeit den Wahrheitsbeweis an".

Michael Moosbrugger, Leiter und Kellermeister des Weingutes Schloss Gobelsburg, wiederum hat das Weinarchiv des Schlosses Gobelsburg – die Bestände reichen zurück bis ins Jahr 1947 – schon einmal intensiv durchgekostet und analysiert. Ausgerechnet ein Grüner Veltliner Spätlese 1973 habe da – im Vergleich zu den Rieslingen einen fulminanten Eindruck hinterlassen. „Der Großteil des Grünen Veltliners ist zwar sicher Konsumware", gibt er zu, allerdings würden Weine aus bevorzugten Einzellagen mit Struktur und Format natürlich hervorragend reifen: „Das steht außerhalb jeglicher Diskussion, im Holzfass ausgebaute Spätlesen sind nach wie vor Riesenweine." Oder um es mit John Winthrop Haeger, Autor beim New Yorker „Saveur Magazine", zu sagen: „Austria's grüner veltliner has suddenly become the hottest thing on everybody's list."[7]

Das können Sie glauben:

- Grüne Veltliner der Smaragd-Kategorie und vergleichbarer Qualitäten aus dem Kamp- und Kremstal kann man sich getrost zur Seite legen, muss sie auch nicht spritzen oder sich dafür schämen, wenn man sie Gästen offeriert. Im Gegenteil, Top-Veltliner sind längst als Weinelite anerkannt und genießen weltweit höchstes Renommee.

Was Chemie und Technik in Keller und Garten leisten können

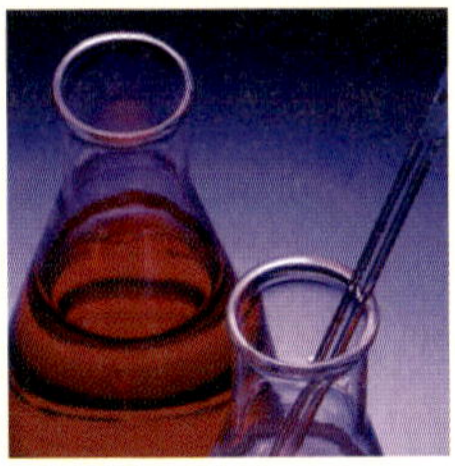

Die Sonne, der Boden und ein Winzer, der die Natur ihr Werk tun lässt, sind verantwortlich dafür, dass Kreszenzen serviert werden, die helles Entzücken hervorrufen? Das wäre heutzutage doch ein bisschen zu wenig.

Die EU-Weinbauverordnung, die sich an den Empfehlungen der Weltweinorganisation OIV (Organisation des Vignes et du Vin, Paris)[1] orientiert, gibt den Rahmen vor. Die Weingesetze der einzelnen Staaten regeln die Details. Wann darf der Weinqualität auf die Sprünge geholfen werden und wo beginnen „Design" und Manipulation? Eine Frage, die nicht immer an Gesetzen und Verordnungen festzumachen ist. Ist es Manipulation, wenn etwas dazu gegeben wird, das die Natur nicht vorgesehen hat, wie zum Beispiel Rübenzucker beim Chaptalisieren? Oder manipuliert man, wenn Wasser entzogen wird, um den Zucker im Most zu konzentrieren?

Ein Rebstock und das, was daraus wird, kann und muss auf 1000 und eine Art manipuliert werden, um gesunde, vollreife Trauben zu haben, die zu trinkbarem Wein gekeltert werden. Entscheidend ist die Fähigkeit eines Winzers, angesichts eines Jahrgangs, der vorhandenen Gegebenheiten und seiner Zielvorstellungen über den richtigen Mitteleinsatz zu entscheiden.

Dass man mit Technik und Chemie alles hinbiegen kann, was im Weingarten versiebt wurde, stimmt nicht. Ein wichtiger Aspekt ist die Risikobereitschaft: Einige Methoden, vordergründig „natürliche", bergen die Gefahr von Fehlentwicklungen: In welchem Ausmaß lässt man sich als Winzer auf das Risiko ein, am Ende nichts Verkaufbares zu haben?

Großer Wein jedenfalls entsteht durch viel Handwerk, pflanzenphysiologisches Know-how und mit dem geringst möglichen Einsatz von Chemie und Technik.

Vincent van Gogh: Die roten Weingärten, 1888

Hefen: Wilde Burschen?

Die Zugabe von Spezialhefen kann das geschmackliche Wunschergebnis bei der Vergärung regeln.

Wer verkauft schon gern ein 08/15-Produkt? Genau, Winzer natürlich schon gar nicht. Und so gibt es nichts, was so sehr betont wird wie die Einzigartigkeit des produzierten Weines. Allerdings: Die Unverwechselbarkeit könnte sich bald aufhören. Denn das zunehmende Wissen um die Weinherstellung ermöglicht es Winzern immer mehr, in die Schlüsselabläufe einzugreifen – sogar der biochemisch höchst komplizierte Prozess der Vergärung lässt durchaus einen Gestaltungsspielraum. Und dann, so befürchten Puristen, könnte bald ein Wein wie der andere schmecken – weil auch Konsumenten den Geschmackstrends hinterherlaufen.

Schwer kontrollierbar

Hefen als Protagonisten der Gärung rücken dabei immer stärker in den Blickpunkt. Sie leisten ganze Arbeit bei der Vergärung, weil sie den vorhandenen Zucker in Alkohol und Kohlendioxid aufspalten, aber auch einige Gärnebenprodukte wie Glyzerin[1] erzeugen. Hefen kommen überall in der Natur vor, und zwar in Bündeln mit bis zu 15 oder 16 unterschiedlichen Hefestämmen, die auch völlig unterschiedlich auf die Umgebung reagieren. Die einen stellen bei zu tiefen Temperaturen ihre Tätigkeit ein, die anderen vertragen Schwefel nicht. Dritte wiederum sind dem vielen Alkohol, der bei der Gärung entsteht, nicht gewachsen und sterben ab. Blöd ist nur, dass der Winzer diese wilden Burschen nicht kontrollieren kann. Setzt sich Saccharomyces cerevisiae (der eigentlich gewünschte Hefestamm) jetzt einigermaßen zügig durch und garantiert das völlige Abarbeiten des vorhandenen Zuckers? Denn schließlich wünscht der Weinkonsument ja mehrheitlich trockene Weine.

Hilfe aus dem Labor

Hilfe kam bereits 1976 aus den Laboren der Biotechnologen, die aus diesen wilden Bündeln so genannte Reinzuchthefen „herausgepfriemelt" haben – einzelne Stämme, deren Eigenschaften genau bekannt sind. Der Winzer könnte also beruhigt sein und im Handelsregal ganz nach Geschmack und/oder Marktlage die passende Hefeart auswählen. „Simi white" etwa „verändert stark die Aromatik der Sorten (exotische Fruchtaromen)", für fruchtige Weinaromen wäre etwa „Uvaferm SVG" geeignet („selektioniert im Loire-Gebiet aus Sauvignion Blanc"), und wer ausgesprochenen „cremigen" Wein mit aromatischen Duftnoten bevorzugt, sollte dagegen Lalvin CY 3079 wählen. Unter diesen Handelsnamen bewirbt etwa die Firma Thonhauser, mit jährlich rund 26 Tonnen des grammweise eingesetzten Mittels Österreichs Marktführer in Sachen Reinzuchthefe, ihre Produkte. Durchaus mit Erfolg – ließen sich doch nach eigenen Angaben in den letzten Jahren Umsatzsteigerungen zwischen zehn und 15 Prozent erzielen.[2]

Was diese Reinzuchthefen bei der Vergärung machen, ist nämlich exakt absehbar. Und viele Weinhersteller entscheiden sich auch dafür, weil das Risiko einer Fehlgärung, die unerwünschte Aromen in den Wein bringt, weitgehend ausgeschaltet wird. „Weinbauern müssen neben guten Weinen ja auch Gewinne machen", so rechtfertigt etwa Manfred Großmann, Mikrobiologe an der deutschen Forschungsanstalt Geisenheim, den Einsatz von Hefen nüchtern. Deshalb erscheine es vielen Weinhauern zu gewagt, „Stationen der Weinherstellung dem Zufall zu überlassen ... was erhebliche qualitative und finanzielle Risiken in sich birgt".[3] Denn schließlich möchte der Konsument reintönigen, klaren Wein trinken und kein Produkt eines schief gelaufenen Gärexperiments.

Kaltgärhefen beispielsweise stellen also ihre Aktivitäten auch dann nicht ein, wenn die Temperaturen im Keller niedrig sind. Andere Hefestämme sind speziell widerstandsfähig gegen Schwefeldioxid oder Alkohol. Dann gibt es wieder welche, die mit den Farbpigmenten besonders schonend umgehen. Esterbildende Hefen, die spezielle Fruchtaromamolekülgruppen formen, sind etwa 200 am Markt. Bekannt sind auch „Aromahefen", die dem Wein eine besondere Geschmacksnote verleihen sollen.

Kein Wundermittel

Aber – entgegen vielen Schauermärchen über die Gestaltungsmöglichkeiten – können Hefen nur das verarbeiten, was in der Grundsubstanz Most vorhanden ist.

Das bedeutet, dass „Aromahefen" zum Beispiel vorhandene Aromamoleküle freilegen, die oft im Kombipack mit Zucker daherkommen. Ein Vorgang, der auch bei der Lagerung passieren würde, aber durch diese speziellen Hefen beschleunigt wird. Der Nachteil von Aromahefen ist, dass das intensive Geruchs- und Geschmackserleben, das dadurch früher als auf natürlichem Weg freigesetzt wird, ebenso früh wieder endet. Weshalb der Einsatz dieser Hefen vor allem nur bei primärfruchtigen Weinen, die möglichst jung getrunken werden (sollten), wirklich sinnvoll ist. Kaltgärhefen wiederum bringen miserable Ergebnisse, wenn sie falsch, nämlich bei höheren Gärtemperaturen eingesetzt werden, so Herbert Schödl von der Forschungsanstalt Klosterneuburg.[4] Ergo will auch der Einsatz von Reinzuchthefen gelernt sein.

▶ Königsdisziplin

Die Gärung mit Naturhefen gilt quasi als Königsdisziplin, die – sofern sie gelingt – die authentischeren Weine ergeben soll. Natur- oder Wildhefen sind schließlich einfach da – im Boden in den Beerenhäuten etc. – und gelten wegen ihrer Herkunft aus einer bestimmten Weingartenlage als unverzichtbarer Teil des Gesamtkunstwerks Terroirwein (siehe auch Kapitel „Terroir ist immer und überall?").

Viele Winzer, vor allem jene, die sich intensiv mit den physikalisch-chemischen Abläufen der Gärung befassen, wählen einen dritten Weg und haben entweder ihre eigenen passenden Hefestämme selektioniert oder durch Ausbringen der Gärrückstände und Trester in den Weingarten eine bestimmte Hefepopulation gestärkt und vergären so „selektiv natürlich".

Es ist letztlich eine Frage von Philosophie und Einstellung, auf welche dieser Mittel ein Winzer zurückgreift und vor allem auch, wie offen er seinen Kunden gegenüber damit umgeht. Man kann mit Hefen zwar so einiges steuern, aber es ist nicht möglich, bestimmte Aromaverbindungen aus dem Hut zu zaubern, wenn diese Moleküle nicht vorkommen.

Zu diesem nicht beeinflussbaren Faktor kommt auch der jeweilige Boden eines Weingartens, aus dem Nährstoffe in die Beeren transportiert werden, die sich nolens, volens im fertigen Wein wiederfinden. Wie intensiv diese schmeckbar sind, ist eine andere Frage. Grundsätzlich gilt, dass selbst die aromatischste aller Aromahefen kein Wunderwuzzi ist, der aus einem Chardonnay flugs einen Sauvignon Blanc zaubert.

Das können Sie glauben:

- Die Vergärung ist kein mystischer Prozess, bei dem der Winzer nur dasitzt und tatenlos darauf wartet, was in seinem Weingarten wächst.
- Fragen Sie Ihren Lieblingswinzer: „Wie hältst du's mit der Hefe?" Aber keine falschen Erwartungen: Wunder bewirken kann die Gärungssteuerung durch Reinzuchthefen auch nicht.
- Entscheiden Sie sich für jenen Wein, der Ihnen sympathischer ist. Aber Probieren geht auch hier jedenfalls über Studieren.

Zaubermaschinen – Maschinenzauber?

Auch Umkehrosmose oder Vakuumdestillation machen aus einem mittelmäßigen Wein keinen Edeltropfen.

Dem Weinkonsumenten wurde im Zuge von zahllosen halbwahren, aus dem Zusammenhang gerissenen und auf Vermutungen und Gerüchten basierenden Aussagen das Gefühl vermittelt, dass dem Winzer hier Wunderwaffen zur Verfügung stehen, mit deren Hilfe er jeden noch so fehlerhaften Rebensaft, um den man sich das ganze Jahr über im Weingarten nicht kümmern muss, aufpeppen und – teuer – als Edelprodukt verkaufen kann. Unter dem Aspekt: Einmal investiert, die Kosten flugs auf den Konsumenten abgewälzt und schon hat sich der Winzer wieder Arbeit erspart.

▸ Welche Maschinen bzw. Verfahren?

Umkehrosmose (UO) und Vakuumdestillation (VD) sind zwei physikalische Verfahren, die seit August 2000 in Österreich, seit Juli 2002 in Deutschland zugelassene Hilfsmittel zur Anreicherung sind. Anreicherung generell bedeutet die Zuckerkonzentration im Most (Mostgewicht) zu erhöhen, was in der Folge alkoholreichere Weine ergibt. UO und VD sind ergo zwei neue Technologien für ein nicht gerade neues Ansinnen, das existiert, seit man darauf gekommen ist, dass vergorene Weintrauben ein brauchbares Getränk ergeben können.

Die EU legt fest, dass durch Umkehrosmose bzw. Vakuumdestillation das Volumen des Mostes um maximal 20 Prozent verringert bzw. der natürliche Alkohol um nicht mehr als zwei Prozent erhöht werden darf. Durch den Entzug von Wasser ergibt sich ein Ausgangsprodukt, in dem Zucker und diverse Aromastoffe im Verhältnis zum ursprünglichen Material in höherer Konzentration auftreten. Mehr Zucker ergibt höheren Alkohol. Aber wenn nun das Ausgangsmaterial, das aus dem Weingarten hereingebracht wurde, unreif, von Schimmelpilzen befallen oder von Wespen angestochen ist, was wieder die Entwicklung von Essigbakterien begünstigt, werden auch alle diese weniger feinen Bestandteile und Aromakomponenten mitkonzentriert.

▸ Die technische Seite

Umkehrosmose, eine Technologie, die übrigens bei vielen Formen der Wasseraufbereitung eingesetzt wird, beruht auf dem Prinzip, dass die Wassermoleküle die geringste Größe von allen Mostbestandteilen haben. Wird jetzt eine permeable Membran, deren Durchlässe gerade einmal die Größe von Wassermolekülen haben, unter Druck angeströmt, werden die Wassermoleküle durch diese Öffnungen auf die andere Seite der Membran gedrückt, wo sie sich sammeln. Andere Komponenten wie Aromamoleküle, die viel größer sind, vor allem dann, wenn sie im Kombipack mit Zucker oder Hefen daherkommen, gleiten ab.

Bei der Vakuumdestillation macht man sich zunutze, dass Wasser unter Vakuum bei deutlich niedrigeren Temperaturen als den üblichen 100 °C verdampft. Setzt man Most unter Vakuum, verdampft der Wasseranteil bei 20 bis 30 °C. Alle anderen Bestandteile, wie Aromastoffe, die sehr empfindlich auf höhere Temperaturen reagieren, bleiben großteils erhalten.

▸ Wann anwenden?

Das Anreichern per Konzentratoren ist sowohl im EU-Weingesetz als auch im österreichischen Weingesetz geregelt. Danach dürfen beide Verfahren nur bei Most, nicht bei Wein angewandt werden. Vakuumverdampfen funktioniert übrigens auch nur bei Most, der noch nicht gärt, da sonst keine Vakuumbedingungen hergestellt werden können und der Most wie verrückt schäumt. Der Einsatz einer Konzentrationsmaschine muss in Österreich der Bundeskellereiinspektion gemeldet werden, das Gerät wird plombiert. In Deutschland sind beide Verfahren seit Juni 2002 für Qualitätsweine bestimmter Anbaugebiete (QbA, entspricht österreichischem Qualitätswein) zugelassen. In beiden Ländern darf nur eine Methode der Mostkonzentration verwendet werden. Das heißt, greift man zur Chaptalisierung („Aufzuckern" mit Rübenzucker zum Beispiel), ist es nicht gestattet, den Most danach durch Umkehrosmose bzw. Vakuumdestillation zu konzentrieren. Weine in Fässern, deren Inhalt unterschiedlich „angereichert" wurden, dürfen in Österreich jedoch miteinander verschnitten werden.

Zweitens gilt auch hier, wie bei Spritzmitteleinsatz, Laubarbeit, Filtration oder Barriquefässern, dass der Winzer abwägen muss, wann ein Einsatz nützlich und sinnvoll ist. Nicht jedes Verfahren ist für jede Art von Most, Weißmost bzw. Rotmost, geeignet. Manche Rebsorten wie Gelber Muskateller beispielsweise erwiesen sich als völlig ungeeignet für die Konzentration per Umkehrosmose oder Vakuumdestillation. Und dann wären da noch die Kosten. Zwar kann der Wein teurer verkauft werden, aber die Menge des Weins wird geringer und auch E-Werke möchten bezahlt werden. Maschinen kosten Geld und diese beiden gar nicht so wenig. Ab etwas mehr als 30.000 Euro ist ein Umkehrosmosegerät mit niedriger Kapazität zu haben. Beim Kollegen Vakuumverdampfer, für den man in etwa mit dem Doppelten rechnen muss, darf zusätzlich auch mit hohen Energiekosten kalkuliert werden.

Wirklich sinnvoll anzuwenden sind diese beiden Verfahren, wenn es direkt in die Ernte hineinregnet. Wie Robert Steidl, Institutsleiter Weinbau der Abteilung Kellerwirtschaft in Klosterneuburg, feststellt, seien Umkehrosmose und Vakuumdestillation nur bei höherwertigen Mosten erfolgreich, und nur dann, wenn die Verfahren sinnvoll und mit Augenmaß eingesetzt werden.[1] Bei Rotwein sei durch Ausdünnen und Vorentsaften in vielen Fällen der gleiche Effekt zu erzielen. Im Bordelais, eine Weinbauregion, in der seit mehr als 20

Jahren ohne große Diskussionen konzentriert wird, kommt es jedes Jahr zu Regenfällen im Herbst. Spannend dabei ist, ob die Ernte noch davor, während oder danach eingefahren wird.

Viele Winzer in Österreich begrüßten die Geräte zu Beginn als rettende „Zaubermaschinen". Heute nach einigen Jahren der Erfahrung sehen die meisten die Sache weit nüchterner. In guten Jahrgängen wie 1999, 2000, 2002 oder gar 2003 waren sie unnötig, da der Vegetationsverlauf quasi ideal war und es während der Ernte auch nicht regnete. Was bedeutet, dass man ein Gerät, das nicht eben wenig kostet, innerhalb von fünf Jahrgängen eigentlich nur einmal tatsächlich benötigt hat. Es gibt auch einige Produzenten, die diese Verfahren völlig ablehnen, weil die Weine ihrer Ansicht nach unharmonisch, „überpowert" und weniger haltbar werden. Nur wenige Produzenten stehen tatsächlich offen zum Gebrauch. Vielleicht hätte ein offenerer Umgang mit diesen Technologien auch dazu beigetragen, den beiden Verfahren den Nimbus von „Skandal" und „Verboten" zu nehmen, der die Sache derzeit umweht und der auch von den Medien gerne thematisiert wird.

Welche Alternativen gibt es dazu?

Zur Konzentration bzw. Anreicherung von Most werden auch andere Verfahren und Techniken benutzt. Dazu gehören die Kryoextraktion, Gefrierkonzentration, das künstliche Ausfrieren von Wasser. Bei Eiswein in Österreich und Deutschland (siehe auch Kapitel „Gib dem Affen Zucker?") geschieht dies durch die Natur. Bei Kryoextraktion, die in Österreich übrigens bei Qualitätswein verboten und lediglich für Tafelwein zugelassen ist, landen die Trauben im Kühlhaus. Chaptalisieren („Aufzuckern") und die Beigabe von konzentriertem Traubenmost oder rektifiziertem Traubenmostkonzentrat (RTK) sind weitere Möglichkeiten.

Die natürlichsten und auch billigsten Methoden sind der gute alte Saftabzug („Methode Saignée") sowie das Antrocknen und Rosinieren von Trauben, das für manche Weine (zum Beispiel der italienische Amarone, ein wie Strohwein aus rosinierten Trauben hergestellter Rotwein aus dem Valpolicellagebiet) sogar Voraussetzung ist.

Das dürfen Sie glauben:

- Ernte verregnet – Pech gehabt? Viel mehr als in der Vergangenheit können einige neue technische Behandlungsmethoden mithelfen, Nachteile der Witterung zumindest teilweise auszugleichen. Aber: Zaubermaschinen gibt es auch im Weinbau nicht, wie ein geflügelter Winzerspruch weiß: „Wenn man Mist konzentriert, wird konzentrierter Mist daraus."

- Fragen kost' nix: Welche technischen Konzentrationsmethoden verwendet Ihr Lieblingswinzer und warum?

- Probieren geht über die reine Theorie! „Schmeckt" oder „Schmeckt nicht" – das sollten zuerst einmal die wichtigsten Kriterien sein, die aber jeder für sich selbst entscheiden muss.

Aus Gottes Garten Eden?

Es braucht viele menschliche Eingriffe in natürliche Abläufe, bevor das „Naturprodukt“ Wein entsteht.

Was liegt, das pickt sozusagen, besonders Weintrauben. Weil Wein ja ein Naturprodukt ist und im Keller ohnehin nichts mehr getan werden kann. Er wächst außerdem so, wie die Natur es will, zumindest in den Darstellungen vieler einschlägiger Bücher und TV-Sendungen. Mitnichten!

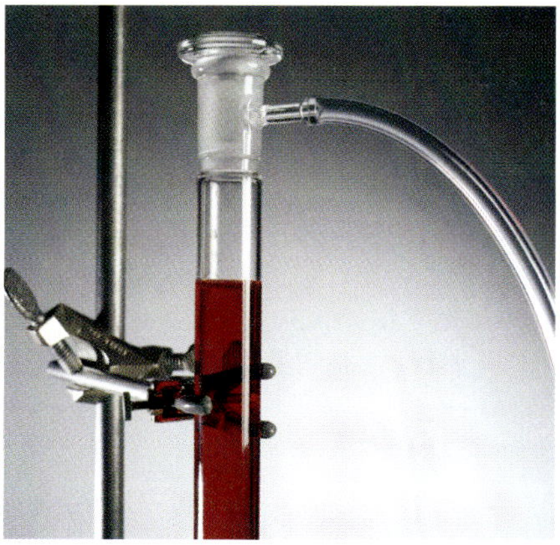

Einen Rebstock pflanzen und ihn einfach vor sich hinwachsen lassen, wird kaum einen nach heutigen Maßstäben trinkbaren Wein ergeben. Und Tatsache ist auch, dass jenseits aller Romantik Chemie und Physik einiges dazu beitragen können, Wein zu beeinflussen.[1] Beginnend bei Ausdünnen und Laubarbeit, über Enzyme und Proteine, die beim Auslaugen der Beerenhäute und bei der Mostvorklärung eingesetzt werden, bis zu Schönung und Filtern. Allesamt Vorgänge, die notwendig sind, damit der Konsument das ins Glas kriegt, was er wünscht, einen perfekt aussehenden Wein, klar, strahlend und wohlschmeckend. Die Entscheidung, welcher Weinstil jetzt gemacht wird und was dafür alles eingesetzt wird, liegt beim Winzer.

Selbst wenn die letzten Geheimnisse der Mikrobiologie des Weins noch immer nicht entschlüsselt sind, ist das Wissen um die Vorgänge rund um Wachstum, Ernte, Vergärung, bis hin zur Füllung mittlerweile so groß, dass natürlich auch eine Reihe von Mittel und Methoden entwickelt wurden, die bei Fehlentwicklungen – an welchem Punkt der Weinwerdung auch immer – zum Einsatz kommen.

Wein will erzogen werden

Am Anfang ist dabei – wie bei jeder Erziehung – die Idee. Im Weingarten betrifft dies vor allem die Entscheidung, welche Rebsorten in welcher Lage mit welchem Erziehungssystem gepflanzt wird. Wie ein Wein schmeckt, in welcher Qualitätsliga er mitspielt, ob er ein dünnes Massentröpfchen ist, ein guter

Wein einfacher Bauart oder ein dichter und komplex schmeckender Tropfen, liegt im Großen und Ganzen in der Hand des Winzers, der je nach Weinidee steuern kann, wohin die „Reise" gehen soll. Er hat auch eine bestimmte Vorstellung über sein Angebot, und nur wenige können es sich leisten, ausschließlich Topweine unter Topbedingungen zu erzeugen, für die sie anschließend auch Toppreise verlangen können, die ihnen immer gleich bezahlt werden.

Eingreifen kann er von Anfang an in jedem Stadium des Wachstums: im Weingarten, bei der Lese, im Keller, vom Einbringen der Trauben bei der Ernte bis zum Abfüllen in die Flasche. Einen „natürlichen" Mitspieler gibt es durch Jahrgangsverläufe, welche die Entwicklung von Trauben beeinflussen. Aber es gibt auch einige Möglichkeiten, dieser Natur entgegenzuwirken, sollte sie sich eine Vegetationsperiode hindurch als „bockig" erweisen. Nach heutigem Stand sind Technik und Gesetzgebung so weit, dass so gut wie alle Probleme in den Griff zu kriegen sind.

Ob das Material, das aus dem Weingarten kommt, gesund ist und wertvoll genug, um guten Wein zu machen, ergibt sich aus Faktoren, die der Winzer, die Winzerin bewusst wählen kann – und ohne die Qualitätsweinbau heutzutage kaum mehr vorstellbar ist. Dazu zählt etwa, die richtige Rebsorte am richtigen Standort zu pflanzen oder

Rebschnitte, Laubarbeit und Grünlese zur Ertragsreduktion durchzuführen. Denn es gilt: Weniger Trauben auf dichter gepflanzten Rebstöcken bedeuten im Normalfall höhere Weinqualität – aber mehr wirtschaftliches Risiko.[2] Oder die Laubarbeit (für bessere Sonneneinstrahlung) an den Witterungsverlauf anzupassen. Oder die richtige Lesetechnik einzusetzen – wobei technische Hilfsmittel manchmal sinnvoller sind als traditionelle Handarbeit.[3] Reine Natur ist das genau genommen nicht, aber die Definition von „Künstlichkeit" trifft es auch nicht.

... und geschützt

Rebstöcke müssen „gespritzt" werden, da sie sonst keine Chance bei Pilzbefall hätten. Eines der wirkungsvollsten Spritzmittel jedenfalls ist Schwefel, der desinfizierend wirkt und außerdem Sauerstoff bindet. Und das weiß man seit der Antike. Im Lauf der Geschichte wurde Schwefel exzessiv verwendet, heute hat man Grenzwerte festgelegt, die nicht überschritten werden dürfen und die bei der Analyse im Labor auch überprüft werden. Und Schwefel wird meist in Kombination mit anderen Mitteln aufgetragen.

Immer wieder allerdings zeigt sich gerade bei den weinbaulichen Maßnahmen auch die Problematik allzu starker Eingriffe in natürliche Regelkreise, die aber teilweise bereits früher, zum Beispiel in den Kunstdüngerjahren der 1970er, nachhaltig durcheinander ge-

bracht wurden. Eine grobe Schwierigkeit in den letzten Jahren ist der Befall mit Botrytis (und zwar zum unerwünschten Zeitpunkt, zur Blüte oder auf unreifen Trauben, im Gegensatz zum Botrytis-Pilz, der reife Trauben befällt und für Beeren- und Trockenbeerenauslesen sorgt). „Die Probleme sind teilweise hausgemacht", formuliert es etwa Helmut Redl vom Institut für Pflanzenschutz der Universität für Bodenkultur, Wien.[4] Sie seien durchaus auch Reaktion auf weinbauliche Maßnahmen wie die großzügig bemessene Düngerzufuhr im Umweltprogramm ÖPUL 2000, das als Reaktion auf die extreme Strenge des ÖPUL 1995 einige Bestimmungen lockerte. Auf diese und andere Gefahren der Überdüngung wies auch eine Studie der Bayerischen Landesanstalt für Weinbau und Gartenbau 2004 hin.[5]

14 Schöner Most, was nun?

Aber auch bei der weiteren Behandlung muss der Winzer – wenn er will – immer weniger dem Zufall überlassen. Die Qualität des Mostes etwa ist durch die Art des Pressvorgangs und durch Mostverklärung steuerbar. Er darf aber auch nicht zu sauber vorgeklärt werden, da die Hefen, welche die Gärung durchführen, dann nichts zu verarbeiten hätten. Enzyme, die im Labor hergestellt werden und als Katalysatoren wirken, helfen bei der Klärung und auch beim Auslaugen der Geschmacks- und Farbstoffe aus der Beerenhaut. Ob ein Winzer jetzt Enzyme einsetzt oder nicht, ist eine Frage der persönlichen Einstellung.

Es gibt Beeinträchtigungen im fertigen Wein, die nachträglich „herausgeschönt" werden können. Schönen bedeutet vor allem eine Klärung und Stabilisierung des Weines durch Entfernen von Schwebeteilchen, so genannten Kolloiden, oder gelösten Stoffen, die eine Trübung oder mikrobiologische Reaktion verursachen könnten. Denn schließlich legt man als Weintrinker wert auf ein strahlendes Produkt, das nicht bei der ersten Wärmeeinwirkung kippt und unschöne Schleier in der Flasche bildet. Oder kristalline Gebilde am Flaschenboden, die übrigens Weinstein sind, die Qualität nicht beeinträchtigen und die durch Kühlung der frisch gefüllten Flasche bis knapp über dem Gefrierpunkt ausgefällt werden können. Was aber nicht jeder Winzer macht.

Beim Schönen kommen Mittel wie Eiweiß, Bentonit oder Fischblasen wie die vom Hausen zum Einsatz, die manche Moleküle binden, sie zum Fassboden reißen, von dort abgezogen werden und keine bis geringste Spuren hinterlassen. Bentonit, eine Form von Ton, bindet beispielsweise Eiweiß. Aktivkohle wird eingesetzt, um Verfärbungen zu korrigieren. Gesundheitsschädigende Mittel oder nicht voll wirksame wurden im Laufe der Jahre ersetzt, wie Jancis Robinson im Oxford Wein Lexikon[6] schreibt. Diskussionen drehen sich heute darum, ob es möglich ist, die Mittel tierischen Ursprungs durch pflanzliche zu ersetzen.

Schönung beschleunigt Stabilisationsprozesse

Denselben Effekt würde man auch mit längeren Lagerzeiten erzielen. Aber, und da kommen wir Weintrinker wieder ins Spiel, Kunden werden immer ungeduldiger und möchten doch nicht allzu lange mit dem nächsten Jahrgang auf die Folter gespannt werden. „Wein braucht Zeit – die ihm – und uns – heute fast nicht mehr gegeben wird“, beklagt auch Kellereiexperte Robert Steidl von der Höheren Bundeslehranstalt und Bundesamt für Obst und Weinbau in Klosterneuburg[7] den Konsumentendruck. Tendenziell werden hochwertige Weine, denen man die notwendige Zeit zur Entwicklung zugesteht, weniger behandelt als einfachere Produkte.

Auch die Filtration dient der Stabilisierung. Dabei werden Partikel, die Wein instabil machen könnten, entfernt. Dass bei allzu forscher Filtration auch Geschmacksstoffe verloren gehen, liegt auf der Hand. „Kein Problem – sofern nicht am Nachbartisch ein Wein präsentiert wird, der diesen Dämpfer der Aromatik nicht hat“, warnt Experte Steidl.[8] Aber alles zum Wohle des Kunden. Oder möchten Sie beispielsweise Weißwein trinken, der nicht in strahlender Klarheit vor Ihnen steht. Bei Rotwein sind die Kunden toleranter, vor allem wenn „unfiltered“ auf dem Etikett steht.

Das können Sie glauben:

- Was spricht dagegen, sich als Winzer an einen Weinstil heranzuarbeiten, der gerade gefragt ist? Allerdings: „Wer es zu weit treibt, forciert eine Cocacolisierung des Weins“, sagt Klaus Schaller, Leiter der deutschen Wein-Forschungsanstalt Geisenheim.[9]

- Es ist ein Irrtum, dass nur aus einem stark manipulierten Wein etwas Großes werden kann, das sich auch dementsprechend teuer verkaufen lässt. Weniger ist beim Wein meistens mehr.

- Es gilt die Regel: Je mehr Arbeit sich ein Winzer im Weingarten macht, desto wahrscheinlicher ist es, dass er bei der Ernte gesundes Material in den Keller bekommt, als Basis für sauber vinifizierte Weine jeglicher Qualitätsstufe.

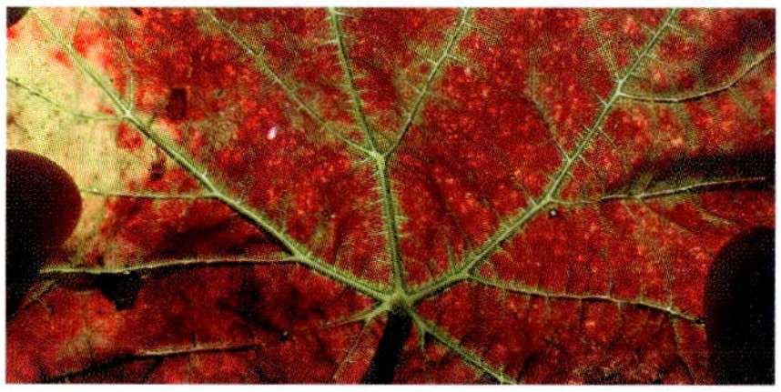

Sekt: Überschäumende Freude?

Das für Spitzenereignisse gedachte Spitzenprodukt wurde oft mit billigen Grundweinen gemacht – ein Eigentor.

Der Anlass: festlich. Die Feier: nobel. Das Getränk: schäumend. Kaum ein Spitzenereignis, dass nicht mit Sekt begossen wird. Denn der vor allem durch den hohen Preis für Schaumwein begründete Imagetransfer verleiht der Situation jene Noblesse und Einzigartigkeit, die sich jeder Gastgeber wünscht. So die Theorie.

Die Praxis sah bis vor kurzem anders aus: An Billigware gewöhnte Konsumenten zwangen Produzenten zu immer billigeren Herstellungsmethoden, die dann mit billiger Qualität ihrer Erzeugnisse öffentliche Vorurteile noch bestärkten. Daran waren sowohl Winzer als auch Sekthersteller nicht ganz unschuldig: Die Sektproduktion, bei der zwangsläufig nach den beiden Gärungsschritten Zucker zugesetzt werden muss (die so genannte „Fülldosage" nach der ersten Gärung, das ist die Nahrung der Hefen für die zweite Gärung – so kommen die Perlen ins Getränk –, anschließend die „Versanddosagen" nach dem Degorgieren), verleitet zum Schludern.

In den Köpfen vieler Winzer war Sektherstellung die beste Möglichkeit, überschüssige Weine weiterzuverarbeiten – zumal auch der Zwang zum Weinverschnitt bei der Sektherstellung (um

Das können Sie glauben:

- Hier gilt der Grundsatz viel stärker als beim Wein: Billigware bedeutet Billig-Qualität.[1]

- Feine Perlage (Kohlensäure), die lange in der geöffneten Flasche bleibt, zeugt von hoher Qualität.

- Sekt wird in der Regel nicht zum Lagern gemacht, sondern kommt als trinkfertiges Produkt in die Flasche.

- Preisalarm bei imageträchtigen Flaschengärungsaufdrucken mit dem Zusatz „transvasiert“: Der preistreibende Aufwand, die Flaschen im zweiten Gärvorgang einzeln per Hand zu rütteln, um die Hefe in den Flaschenhals zu bekommen, wird hier durch einen maschinellen Vorgang ersetzt: Nach der zweiten Gärung werden die Flaschen unter Gegendruck in Tanks umgefüllt, gesammelt, dort gefiltert und dann wieder abgefüllt.

- Bezeichnungswirrwarr: Trockener Sekt ist nicht trocken durchgegoren im Sinn von Wein, sondern schmeckt leicht süß wie „lieblicher Wein“. Sekt ohne Süße heißt „brut“.

Qualitätsschwankungen auszugleichen) eher die „Verwertungsmentalität", das heißt die konsequente Nutzung des Überschusses, fördert. Die Sektkellerei Inführ etwa beklagte sich bereits vor einigen Jahren, dass sie kaum qualitativ hochwertige Grundweine angeboten bekomme: „Wir sind drei Monate im Jahr unterwegs, nur um Grundweine zu suchen."[2] Ein paar Krokodilstränen dürften da auch dabei sein: Zumal die Sektproduzenten aufgrund des Preisdruckes auch nicht allzu viel für den Grundwein bezahlen wollten und daher auch schlechte Qualität bekamen. Den Konsumenten wiederum fehlten schlicht Hintergrundwissen und die Erfahrung: Bestimmungsgemäß wird Sekt selten und in kleinen Mengen getrunken – Vergleiche sind nicht möglich.[3]

Dabei ist es genau umgekehrt: Jeder Weinfehler potenziert sich durch die zwei Gärungsschritte (entweder in der Flasche oder in Tanks) und die langen Reifeprozesse auf der Hefe (mindestens sechs Monate), die erst ganz am Schluss entfernt wird (Degorgieren). Eine hohe Qualität des Grundweines wäre daher besonders wichtig.[4]

Der wahre Kern dieses Komplexes aus geschmacklichen Missverständnissen und önologischen Notwendigkeiten: Zunehmend erkennen Winzer das Potenzial in der Sektherstellung. Entweder wird die Sektproduktion nicht mehr als Notlösung verstanden, sondern speziell dafür – und nach Anleitung der Sekthersteller – Grundwein produziert. Zum anderen steigen viele Winzer selbst in die Produktion ein. So werden so genannte Winzersekte immer beliebtere Zusatzprodukte in den heimischen Weinkellern.

Schaumschlägerei[5]

Einer der Ersten, die Schaumwein produzierten, war Dom Perignon – ein Mönch und Kellermeister in der Abtei von Hautevilles de Champagne im 17. Jahrhundert.

Er kämpfte eigentlich gegen die zweite Gärung in seinen Flaschen – kam aber dann doch auf den Geschmack. Der Überlieferung nach soll er ausgerufen haben: „Brüder, kommt schnell, ich trinke Sterne." Das ist zumindest gut erfunden!

Doch schon Jahre zuvor tauchten erste Berichte in englischen Dokumenten und Gedichten (1667) auf. Die Engländer hatten bereits Glasflaschen und Korken, die dem Gärdruck standhielten. Das war 70 Jahre, bevor in Frankreich das erste Champagner-Haus gegründet wurde.

Gottfried Herder wiederum übersetzte 1779 das französische Wort „mousse" (eigentlich: Moos) mit Schaum – Schaumwein.

Die Bezeichnung Sekt wiederum stammt vom lateinischen „siccus" (trocken) ab und wurde in Deutschland amtlich festgelegt, als nach dem Versailler Vertrag die Bezeichnung Champagner nicht mehr erlaubt war.

Andere Quellen sprechen von einem Übersetzungsfehler aus dem Englischen: Dort heißt „sack" Süßwein.

Nur Barrique ist schick?

Entweder Wein ins Holz oder Holz in den Wein: Beides ergibt die beliebten Vanille- und Röstnoten.

Weine, die weniger oder stärker röstig schmecken oder mit Holzaromen vielschichtig unterlegt sind, versetzen viele „Wucht-Liebhaber“ in helles Entzücken Die Nuancen, die zum eigentlichen Weingeschmack dazukommen, reichen von Toast über Vanille und Kokos über Milchkaffee bis zu Mokka. Passt der Geschmackston einigermaßen zu den restlichen Komponenten, ist der oder die Trinkende beglückt und lobt des Winzers gute Hand bei der Wahl des richtigen Barriquefasses und die Dauer, während der der Wein in diesem verweilte. Erinnert der Holzgeruch und -geschmack aber an einen Stapel Spanplatten in einer Tischlerei, geißeln viele gerne den Einsatz so genannter Holzchips. Doch das ist zu oberflächlich.

Um diesen „Eichenholzton“ – von manchen Kritikern, wie etwa den deutschen Querdenkern Cornelius und Fabian Lange, als reine Modeerscheinung abgetan[1] – in einen Wein zu bekommen, gibt es grundsätzlich nur eine Möglichkeit: Man muss den Wein mit Holz in Kontakt bringen. Das wiederum öffnet zwei Wege. Entweder wird der Wein in Holzfässern (Barriques) gelagert oder – zum Entsetzen vieler in den vergangenen Jahren immer häufiger zu beobachten – Holzstücke, -späne oder -stäbe (Innerstaves) werden in den Wein getaucht.

Der Wein verliert durch den so genannten Barriqueausbau das Kohlendioxid und durchläuft eine gezügelte Oxidation, die sich auf seine Reife positiv auswirkt. Er wird dabei geklärt und stabilisiert. Ganz nebenbei liefert das Holz Geschmacksnoten wie Vanille, Toast oder Röstaromen, die bei vielen sehr beliebt sind. Letztere kommen zustande, weil das verwendete Holz (entweder die Fassdauben oder die Chips) tatsächlich angekohlt, „geröstet“, werden.

Ob es zu schmecken ist, wenn mehr oder weniger große Eichenholzflocken dem Wein in einer Art Riesenteebeutel zugegeben werden oder hochwertige Barriquefässer aus Eiche mit 225 Liter Fassungsvermögen zum Einsatz kommen, war anfangs noch sehr umstritten. Versuche des Bundesamts für Weinbau in Eisenstadt zeigten 2002, dass durch die Stärke des Holztones in Blindverkostungen der echte Barriqueausbau sensorisch erkannt wurde (auch wenn bei der Frage nach dem „besten“ Wein Chips die gleiche Zustimmung erhielten).[2]

Ein paar Jahre Praxiserfahrung später allerdings, so Monika Christmann, Önologin und Leiterin der Fachbereiches Kellerwirtschaft an der deutschen Fachhochschule und Forschungsanstalt

Geisenheim[3], sei der Unterschied weder im Labor noch vom besten Verkoster dieser Erde nachzuweisen gewesen. Wie sollte man auch aus der Tatsache, dass zum Beispiel Lignin vorhanden ist, das den Vanilleton erzeugt, auf die Größe des Holzstücks schließen können, aus dem es kommt. Nachzuweisen, weil schmeckbar, ist lediglich, ob mit den Verfahren gekonnt oder weniger gekonnt umgegangen wurde. Die Verwendung von Chips ist übrigens in Österreich eigentlich verboten, derzeit im Rahmen eines anzumeldenden Großversuchs aber gestattet.

Der massive Unterschied allerdings besteht in den Kosten. Die Preisrelation betrage 1:100, so Christmann: zwei bis drei Cent pro Liter für Chips, zwei bis drei Euro für Barrique. Ein Barriquefass ist nur bei gutem Wind unter 700 Euro zu bekommen, wobei es massive Qualitätsunterschiede beim Rohstoff (Eichen) gibt. Außerdem ist der Bestand so eines Eichenwaldes auch begrenzt, die Nachfrage aber enorm (vgl. Kasten auf Seite 50).

Das können Sie glauben:

- Der Trend geht zu strukturierteren, schlankeren und fruchtbetonteren Weinen, die nicht an frisch gehobelten Zaun erinnern, sondern bei dem der Frucht auch noch eine Chance gegeben wird.
- Ein Wein um ein bis drei Euro, der intensiv nach Holz schmeckt, ist mit an Sicherheit grenzender Wahrscheinlichkeit mit Chips hergestellt worden. Anders wären diese Preise nicht zu erzielen.
- Die Herkunft der Eichen Allier, Troncais oder Limousin zum Beispiel werden gerne als Qualitätsbegriff gebraucht, was aber nicht ausreicht. Denn eigentlich sind sowohl Struktur und Körnung, die ihrerseits wieder von der Witterung abhängig sind, als auch die Geschwindigkeit der Trocknung ausschlaggebend.

Die Diskussion trifft den Aspekt der „Aromatisierung", die per Gesetz verboten ist. Denn bis zu welcher Größe sind Chips Chips? Ab wann ist es aromatisierendes Pulver?[4] Und: Wie kann der Konsument sicher sein, dass sein über alles geliebter Barriquewein tatsächlich das Fass gesehen hat. Eine Orientierungshilfe sollte der Preis sein. Eichenweine um 1,55 Euro werden Barriquefässer wohl selten von innen gesehen haben. Was uns sofort zur nächsten, nicht gelösten Frage bringt: Soll der Einsatz – wovon auch immer – auf dem Etikett nachzulesen sein? Dass dies im Fall neuer Kellertechniken keine akademische Frage ist, sondern eine ethisch-wirtschaftliche, würden Untersuchungen zeigen, sagt Christmann: 50 Prozent der Konsumenten würden etwa einen Wein ablehnen, der am Ettikett die (gesetzlich erlaubte) Umkehrosmose (Konzentrationsmethode) als Behandlungsmethode ausweisen würde, 80 Prozent, wenn draufstünde, dass er aufgezuckert sei (ebenfalls erlaubt): „Die weitreichende Auswirkung einer Deklaration des Herstellungprozesses auf der Etikette kann sich also jeder ausrechnen."[5]

In Übersee hilft man sich mit den Begriffen „oaked" für Chips bzw. „matured in oak", was für im Fass gereifte Weine steht. Ob es diese Art Typenschein auch für die gute alte Weinwelt geben wird, ist noch nicht ausdiskutiert. „Geeicht" ist jedenfalls noch auf keinem Etikett zu lesen.

Eine runde Sache

- Das Holzfass generell ist eigentlich eine keltische Erfindung, das Küferhandwerk gibt es seit mehr als 2000 Jahren. Der große Vorteil von Fässern: Sie können gerollt werden, was besonders den Transport in befülltem Zustand unglaublich erleichtert, und sie zerbrechen weniger leicht als Amphoren.

- Bis in die erste Hälfte des 20. Jahrhunderts wurde es hauptsächlich in Bordeaux verwendet. Anfang der 1970er Jahre wurde es in seiner heutigen typischen Barrique-Form (225 Liter) auch in Italien, Anfang der 1980er in Kalifornien populär. Ursprünglich wurde es dort vor allem zur Aromaverstärkung für Weißwein (Chardonnay) verwendet.

- Von rund 250 Eichenarten sind ganze drei für den Weinbau verwendbar. Am beliebtesten sind die französische und die amerikanische Eiche, die beide über ein doppelt so großes Aromapotenzial verfügen und denen man einen spürbaren Vanilleton nachsagt. Entscheidend für den Geschmackseintrag ist auch das Toasting, eine Entwicklung der 1980er Jahre, das mehr oder weniger starke Anbrennen der Fassinnenseite, durch das Zellulose zu Zucker abgebaut wird und karamellisiert. Auch das Tannin-Potenzial der Fässer wird geringer. Nicht getoastetes Holz ergibt den stärksten „Lattenzauncharakter", einen vegetal-bitteren Ton. Problem: Nichts währt ewig, nach maximal drei bis vier Fass-Füllungen lässt der Geschmackseintrag nach.

- Neu sind würfelförmige Fässer, die leichter stapelbar sind. Nachteil: Sie sind schwer sauber zu halten (Brettanomyces, ein Hefepilz, verursacht Pferdestallton).

Süße Sünden?

Ob sinnvoll oder nicht – das „Aufzuckern" der meisten Qualitätsweine in Österreich ist erlaubt.

Dem „Aufzuckern" oder" Chaptalisieren" haftet der Geruch von Pantschen und Betrug an. Kein Wunder, schließlich haben sich bei vielen auch die süßlichen Massenweine früherer Jahrzehnte, denen mit Rübenzucker (auch mit unerlaubteren Mitteln) auf die Sprünge geholfen wurde, um sie trinkfreudiger zu machen und im Export besser bestehen zu können, fest im Kopf verankert.

Tatsache ist aber, dass die EU-Weinmarktordnung Chaptalisieren für Tafel-, Land- und Qualitätsweine (mindestens 15° KMW bei der Ernte) erlaubt. Das betrifft immerhin rund die Hälfte der in Verkehr gebrachten Weine. Ab der Kabinett-Stufe (17° KMW) ist es verboten. In vielen kühleren – und durchaus renommierten – Weinbauregionen ist es gängige Praxis, dass „die Sonne aus dem Zuckersack" kommt, beispielsweise in Deutschland. Auch in Burgund und Bordeaux wird der Zuckeranteil im Most nicht selten erhöht, um dadurch mehr Alkohol zu erzielen. Sogar in Australien ist man in manchen Regionen dem Anreichern vor der Gärung nicht völlig abhold, nur ist dort ausschließlich Traubenkonzentrat erlaubt.

Gesetz und Praxis

Allerdings haben sich die einzelnen Staaten, aus den Auswüchsen der Vergangenheit lernend, selbst doch gewisse Auflagen verordnet. In Österreich ist Chaptalisieren ab der Kabinettstufe (17° KMW) nicht mehr gestattet.[1] In Deutschland dürfen nur Moste für „Qualitätsweine bestimmter Anbaugebiete" (QbA), die an der Basis der Qualitätspyramide angesiedelt sind, „aufgepeppt" werden. Bei „Qualitätsweinen mit Prädikat" (QmP) ist es nicht mehr erlaubt. Dafür darf aber in anderen Bereichen nachgeholfen werden: So kann konzentrierter Traubenmost (Süßreserve) nach der Gärung zugesetzt werden, um den Wein süßer und trinkbarer zu machen, wobei es für diese Handhabung Gegner und Befürworter gibt.

Südliche Weinbauregionen haben leicht reden. Dass dort Chaptalisieren niemanden kratzt, hat einen simplen Grund: Das Problem „zu wenig Sonne und daher zu wenig Zucker in den Beeren" existiert hier schlicht nicht oder nur in seltenen Ausnahmefällen. Auch in den Übersee-Weinländern, die ebenfalls mehr Sonne abbekommen, findet Chaptalisieren mangels Sinnhaftigkeit nicht statt, da hier wie in allen wärmeren Weinbaugebieten nicht der fehlende Zuckergehalt, sondern eher die fehlende Säure das Problem darstellt, weshalb auch der Zusatz von Säure (Acidifikation) erlaubt ist. Beides gemeinsam, zuerst anreichern und dann Säure zusetzen, ist in Europa (siehe auch Kapitel „Das strengste Weingesetz der Welt?") strengstens untersagt. Im Bio-Weinbau ist Zucker aus organisch-biologischem Anbau übrigens unter den Most- und Weinbehandlungsmitteln aufgelistet.[2] Das heißt, es ist bei den organisch-biologisch arbeitenden Weingütern ebenfalls erlaubt, wenn es auch, wie einige Bio-Winzer erklären, vermieden wird.

Kein Qualitätsmerkmal

Die Praxis ist also wohl erlaubt – aber verpönt! Chaptalisieren ist jedenfalls kein Qualitätsmerkmal. Traurige Tatsache ist, dass über den Einsatz von Zucker nicht immer und überall so viel reflektiert wird, wie es wünschenswert wäre, sondern es als einfach zu handhabendes und „eh schon immer verwendetes" Rettungsmittel aufgefasst wird. Dazu kommen die Missbräuche der Vergangenheit. 1993 sprach sich die Europäische Union gegen Chaptalisieren aus, weil, so die Begründung, dadurch nur höhere Erträge gefördert werden würden, die in Zeiten von Weinüberproduktion natürlich alles andere als erwünscht wären.[3] Weinproduzenten aus den wärmeren Überseeregionen

Rettungsmaßnahme

Als Vater, aber nicht Erfinder, dieser kellertechnischen „Rettungsmaßnahme" gilt der französische Chemiker Jean-Antoine Chaptal (1756–1832), der unter Napoleon Bonaparte auch Innen- und Landwirtschaftsminister (1801) war und sich in vielerlei Hinsicht mit der Verbesserung der damals danieder liegenden Weinqualität befasste. 1801 gestattete er per Gesetz – und gegen Abgabe von Steuern – die Beigabe von Rohr- oder Rübenzucker zum Most, ermutigte die Winzer jedoch, eher Traubenkonzentrat als Zucker zu verwenden, obwohl er überzeugt war, dass Rübenzucker ebenso wirkungsvoll wäre. Er erfand auch die Methode zur Extraktion von Rübenzucker, entdeckte einige neue Aspekte bei der Flaschengärung von Champagner und entwickelte durch sein Engagement und seine in vielen Sprachen veröffentlichten Traktate zur Weinwirtschaft auch die Weinsprache mit.

verwenden „Aufzuckerung" oft als Argument gegen europäische Weinmacher, wenn diese ihnen vorwerfen, mit Hilfe von Mostkonzentration industrielle und uniforme Weine zu machen. Immerhin füge man traubenfremde Substanzen wie Rübenzucker dazu, was eine chemische Reaktion auslöse und den Geschmack des Weins beeinflusse, während Umkehrosmose und Vakuumverdampfen rein physikalische Verfahren seien, so der Tenor. Die Frage ist auch hier, ab welchem Punkt die Manipulation beginnt. Darf man gegen Aufzuckern sein, aber dafür dem Most Wasser entziehen, um ihm dadurch zu mehr Alkohol zu verhelfen? Ist es nicht besser, einen vorhandenen Stoff wegzunehmen, als etwas hinzuzufügen, das die Natur nicht in Trauben vorgesehen hat? Ist es möglich, mit Laubarbeit und Ausdünnen denselben Effekt zu erzielen? Oder sollte alles, was gesetzlich erlaubt ist, ohne große Diskussion auch angewendet werden dürfen? Der Verband Deutscher Prädikatsweingüter (VDP) hat seinen Mitgliedern das Konzentrieren untersagt, das Aufzuckern aber nicht, was heftige Diskussionen in den einschlägigen Foren nach sich zog.

Gekonnt aufzuckern

Rübenzucker als traubenfremde Substanz kann natürlich im Labor nachgewiesen werden. Degustatorisch ist es, wie mit allem, was geschickt gemacht wird: Es wird auch geübten Verkostern nicht auffallen. Wird weniger gekonnt „aufgezuckert", erhält man Weine, die aus dem Gleichgewicht sind: dünne und unharmonische Säfte mit aufdringlicher Süße. Der Trend geht jedenfalls zu trockeneren Weinen und weg von den hohen Alkoholgradationen.

Das können Sie glauben:

- Finger weg von heimischen Rotweinen aus kühlen, feuchten Jahrgängen, die es dennoch auf exotische Alkoholwerte von 13,5 Prozent und aufwärts gebracht haben.

- Weiße Bröseln im Weißwein sind **nicht** unaufgelöster Zucker, sondern Weinstein, vor dem man keine Angst zu haben braucht und der auch kein Zeichen mangelnder Qualität ist.

- Suchen Sie nicht verkrampft danach, Weine auf Chaptalisation zu analysieren – degustatorisch ist das schwer.

- Weine mit Restsüße sind nicht zwangsläufig aufgezuckert, im Gegenteil: „Prädikatsweine" (ab Stufe Kabinett aufwärts – Spätlese, Auslese, Beerenauslese, Trockenbeerenauslese) dürfen laut österreichischem Weingesetz nicht „aufgebessert" werden und das wird auch ziemlich streng kontrolliert.

Terroir ist immer und überall?

Der mysteriöse Begriff mausert sich zu einer der größten Hochstapler-Fallen des aktuellen Weinbusiness.

Terroir ist derzeit in aller Munde, jeder Welschriesling ist geprägt vom typischen Terroir, kein Zweigelt, der seine Besonderheit nicht dem ganz besonderen Terroir zu verdanken hat. Das Publikum ist beeindruckt und bezahlt gerne die zwei Euro Terroir-Abgabe, ohne eigentlich genau zu wissen, worum es sich bei diesem ominösen Terroir überhaupt handelt.

Und wirklich leicht kann man das auch nicht beantworten. Im Groben gesagt, handelt es sich dabei um das Zusammenspiel geologischer, klimatischer, historischer und menschlicher Faktoren, die einem Wein seinen bestimmten Charakter und seine Unverwechselbarkeit verleihen. Der amerikanische Geologe James E. Wilson versucht die Komplexität auf den Punkt zu bringen: „Der volle Bedeutungsinhalt ist nicht leicht zu erfassen, denn er umschließt alle physischen Elemente des Weinberghabitats – die Rebe, die tieferen Bodenschichten, die Lage, den Wasserabzug und das Mikroklima. Doch über das messbare Ökosystem hinaus hat er eine weitere Dimension – den geistigen Aspekt, der die Freuden und Schmerzen, den Stolz, den Schweiß und die Rückschläge einer langen Geschichte in sich fasst."[1]

Dieses so genannte Terroir wurde in den letzten 50 Jahren zwar wissenschaftlich zu ergründen versucht – denn die Frage, warum der Wein eines Weingartens über Jahrzehnte oder Jahrhunderte hinweg grandios und der vom gleich aussehenden Weingarten daneben nur mittelmäßig wird, musste Wissenschafter zwangsläufig reizen. Effektive Ergebnisse brachten sämtliche Bemühungen aber nicht.

Kellertechnik überdeckt Umweltfaktoren

In letzter Zeit stellten vor allem britische und amerikanische Wissenschafter wie der Geograph John Dickenson[2] den Mythos vom Terroir immer öfter in Frage, kanzelten ihn als seit Jahrhunderten funktionierenden Marketinggag der französischen Weinindustrie ab. Unlängst beschäftigte sich sogar die Royal Economic Society in Nottingham mit diesem Thema, verglich Umweltdaten und Kellertechnik von Weinen aus 100 verschiedenen Weingärten im Medoc und kam zum Schluss, dass die Kellertechnik etwaige Terroir-Komponenten bei weitem in den Schatten stelle.[3]

Wobei man dieser Studie mit Sicherheit vorwerfen kann, die zeitliche Komponente des Begriffs Terroir vernachlässigt zu haben, schließlich wurden 100 Weine eines Jahrgangs (1990) miteinander verglichen, nicht aber ein einzelner Wein über mehrere Jahrgänge hinweg beobachtet, was die önologisch-technische Komponente relativiert hätte. So zeigte zum Beispiel eine Verkostung von Bordeaux-Weinen aus vier Jahrhunderten auf verblüffende Weise eine kontinuierliche Charakteristik etwa des Chateau Lafite, der da aus den Jahrgängen 1789, 1815 und 1953 verkostet wurde – eine Zeitspanne, in der sich die Kellertechnik mit Sicherheit einigermaßen gewandelt hat.[4]

Aber nur, weil Franzosen das Wort erfunden haben und auch gerne verwenden, heißt das natürlich nicht, dass Weine mit Terroir nur in Frankreich wachsen können. Wenngleich aus Frankreich die meisten der Weine stammen, die unter Terroir-Verdacht stehen, was aber relativ einfach zu erklären ist. Das hat nämlich weniger mit Mikroklimata, geologischer Eignung und Sonneneinstrahlung zu tun, sondern viel mehr mit Tradition und Gesetzgebung.

▶ Terroir: eher Paragraphen-Einfluss

In Frankreich wurde das Terroir mehr oder weniger gesetzlich festgeschrieben, indem zum Beispiel bestimmte Lagen einen „Grand Cru"-Status erhielten – und zwar solche Lagen und Weinberge, die über Jahrhunderte hinweg die besten Qualitäten erbrachten; ebenfalls wird in französischen Wein-Reglements festgelegt, welche Sorten wo zu wachsen haben, wie hoch die Erträge sein dürfen und wie lange Weine zu reifen haben, bevor sie verkauft werden können.

Man geht sogar so weit, nicht nur künstliche Bewässerung zu untersagen, sondern verbietet etwa auch das Abdecken der Weingärten mit Plastikplanen zum Schutz vor Herbstregen, was der Starwinzer Jean-Luc Thunevin im Jahr 2000 zu spüren bekam, als das Institut National des Appellations d'Origine (INAO) seinen Wein abqualifizierte und den legendären „Château Valandraud" – einen der teuersten und gesuchtesten Weine der Welt – zum „vin de table" degradierte, bei dem weder Herkunft noch Jahrgang auf dem Etikett stehen dürfen.[5]

Von bürokratischen Extremen abgesehen fördert solch ein Vorgehen natürlich eine Kontinuität und den individuellen Charakter eines Weines sehr stark, es führt dazu, dass für einen etwas geübteren Verkoster ein St. Emilion blind zu erkennen ist und dass der Mouton Rothschild anders schmeckt als der daneben angesiedelte Latour. Dem Ruhm dieser Weine und ihres Terroirs ist es dann auch zu verdanken, dass derzeit fast schon mehr Terroirs als Weine existieren. Verfügt etwa ein Grüner Veltliner aus dem Weinviertel aufgrund seines sortentypischen „Pfefferls" und einer einigermaßen sauberen Frucht über den DAC-Status, so mag er vielleicht typisch fürs Weinviertel sein, Terroir aber hat er noch lange nicht.

Denn was sich aus sämtlichen, bisher gemachten Studien zum Thema herauslesen lässt, so eine Definition von John Gladstones und Richard Smart im Oxford Wein Lexikon, ist die Tatsache, dass außergewöhnliche Terroirs und Spitzen-Crus Folgendes gemeinsam haben: Sie sind nicht sehr fruchtbar, es zeigen sich keinerlei Mangelerscheinungen an mineralischen Elementen, die Wasserzufuhr ist stets knapp ausreichend, es gibt sowohl einen hervorragenden Wasserabzug als auch gute Speicherqualitäten im tieferen Boden und nicht zuletzt sind Sonneneinstrahlung und Exposition von entscheidender Bedeutung.[6]

Ausschlussfaktoren

Weiters entbrannte in den letzten Jahren unter Weinfreaks die Frage, welche Faktoren noch weiter zum Ausschluss aus dem Club der Terroir-Weine dienen. Auch künstliche Bewässerung ist so ein Fall, der einem Terroir-Wein eigentlich widerspricht, da man den Reben durch Tröpfchen-Beregnung Wasser in anderen Qualitäten zur Verfügung stellt, als sie sich sonst aus vielen Metern Tiefe und dort aus mineralischen Gesteinsschichten holen müssten. Ebenfalls als Anti-Terroir gilt, Wein aus jungen Reben zu keltern, deren Wurzeln eben noch nicht tief in Boden und Unterboden eingedrungen sind. Roland Velich geht bei seinem Blaufränkisch-Terroir-Projekt „Moric"[7] sogar so weit, für die Top-Weine nur Trauben aus 50- bis 100-jährigen Weingärten zu verwenden.

Die Vermeidung von Reinzuchthefen ist ein weiterer Punkt, da Terroir-Puristen der Meinung sind, dass nur die Hefen vom eigenen Weingarten und den eigenen Trauben zum wahrhaftigen Terroir-Erlebnis führen. Dem halten andere entgegen, dass nur die Steuerung der Reife – etwa durch Tröpfchen-Beregnung – und der Gärung – durch Reinzuchthefen und Temperaturkontrolle – Feinheiten und Nuancen eines Terroirs überhaupt erkennbar machen. Eins ist aber klar: Kaltvergärung, Ganztraubenpressung, Stahltanks und Reinzuchthefe-Einsatz erbringen zwar blitzsaubere, fruchtige Weine, die durchaus ihre Größe besitzen mögen – mit Terroir hat das aber nichts zu tun. Und wenn man die international am höchsten bewerteten Weine, die in Österreich je gewachsen sind – Alois Krachers Welschriesling TBA „Nouvelle Vague" 1999 und Scheurebe TBA „Zwischen den Seen" 1999, beide von Robert Parker mit 98+ bewertet[8] –, genauer betrachtet, wird man feststellen, dass der sandige Schotterboden im burgenländischen Seewinkel nur über wenig Mineralität verfügt und von idealer Hangneigung hier genauso wenig gesprochen werden kann wie von zügigem Wasserabfluss. Grandiose Weine von jahrzehntelang währender Schönheit wurden es trotzdem – es geht also auch ohne Terroir.

Das können Sie glauben:

- Ein Weingarten mit besten Terroir-Bedingungen ist bloß die Voraussetzung. Diese ist aber nicht automatisch eine Garantie für einen Sieg oder Siegerwein.

- Weine mit ähnlichen Terroir-Bedingungen, aber unterschiedlichen Kellertechniken unterscheiden sich weit mehr als Weine mit gleichen Kellertechniken und unterschiedlichem Terroir, sagen Studien.

- Die Empfehlung daraus an Weinkäufer: Terroir ist ein Schlagwort, das nichts über die Qualität eines Weins aussagt, vor allem, da es in den meisten Fällen falsch eingesetzt wird. Kaufen Sie Weine, die Sie mögen, nicht solche, die Sie glauben, mögen zu müssen.

Besser Bio, logisch?

Technik und Chemie gibt's auch beim Biowein. Über den Geschmack lässt sich trefflich streiten.

Legt man die Konsumentensicht von Biolebensmitteln um, hieße das: glückliche Trauben – artgerecht gehalten, natürlich gefüttert und sanft gepflückt. Ohne jegliche Chemie und Technik. Ganz so einfach ist das beim biologischen Weinbau nicht. Schon Verständnis und Definition des „biologischen Weinbaus" sind sehr „elastisch", sodass sich tatsächlich kontrolliert biologisch arbeitende Winzer vielfach auf verlorenem Posten wiederfinden, da ja kein Winzer von sich sagen würde, nicht „biologisch" oder „naturnah" zu arbeiten. Der feine Unterschied wird nicht immer angesprochen. Und auch die Spritzpraxis mit Schwefel und Kupfer steht bei den Ökos oft unter Beschuss.

▸ Begriffsverwirrung

Schlagwörter wie „naturnah", „integrierte Produktion" (die „leichteste" Stufe) oder „biologisch-organisch" oder „biodynamisch" (die anspruchsvollste Stufe) bezeichnen jedenfalls Weinbau nach natürlichen Prinzipien und meinen doch unterschiedliche Dinge damit.

Biologisch nach EU-Kriterien (EU-Verordnung 2092)[1] etwa bedeutet, dass man „aus Respekt vor der Natur" auf Kunstdünger verzichtet. Das ist in Österreich, wo der Weinbau ganz selten industrielle Standards erreicht, sondern eine sehr klein strukturierte und familienbetriebliche Angelegenheit ist, genau genommen nicht mehr als „normal". Auch weil sich der Verzicht auf Spritzmittel und Kunstdünger in höheren Agrarförderungen niederschlägt. Geregelt wird die ganze Angelegenheit im ÖPUL-Programm aus dem Jahr 2000.[2]

Im Sprachgebrauch setzt sich der Begriff „ökologisch“ immer mehr durch.

Daher gibt es nationale (zum Beispiel der Ernte-Verband in Österreich mit der Weinbauabteilung Bioveritas[3]) und internationale Vereine (etwa demeter[4], die unter anderem in Frankreich sehr präsent sind), die sich dem „wirklichen“ biologischen Landbau verschrieben haben. Biologisch-organisch arbeitende Weinbauern sind Mitglied bei Ernte-Austria. „Biodynamiker“, die zu demeter gehören, ziehen gemäß den philosophischen Vorgaben von Rudolf Steiner neben der biologisch-technischen Seite auch Mondphasen, Wurzeltage und energetische Strömungen in ihre Überlegungen und Aktivitäten mit ein.

Als Idee hinter jeder dieser Strömungen steht, ein biologisches Gleichgewicht in den Weingarten zu bringen: das heißt einen gut durchlüfteten Boden, in dem sich viele Insekten und Kleintiere wohl fühlen. Schädlinge am Rebstock werden mit Nützlingen bekämpft und Pflanzen durch vorbeugende Maßnahmen so gestärkt, dass sie mit etwaigen Attacken von Pilzen oder anderen Infektionen besser umgehen können. Die Wege und die Intensität, wie weit man dabei mit den Maßnahmen geht, sind unterschiedlich.

▶ Spritzpraktiken

Biologisch ist nicht gleichzusetzen mit „keine Chemie“ und „keine Technik“. Zwar wird auf chemisch-synthetische Pflanzenschutzmittel und Kunstdünger verzichtet. Filtrieren oder Maschineneinsatz bei der Ernte beispielsweise sind kein Problem. Schwefel und Kupfer, in welchen Verbindungen auch immer, sind die – notwendigen, umstrittenen, aber gesetzeskonformen – Spritzmittel der Wahl.

Schwefel (in Negierung des Trinkverhaltens oft für Kopfweh nach Alkoholgenuss verantwortlich gemacht) hat zwei Eigenschaften, die im Weinbau gebraucht werden: Er desinfiziert und er bindet Sauerstoff und so einige andere unerwünschte Stoffe und ist daher seit den Römern nicht aus der Weinproduktion wegzudenken.

Kupfer wiederum ist das einzige Mittel, das gegen Falschen Mehltau (Peronospora) hilft und nebenbei auch andere Krankheiten in Schach hält, die alle zu Totalausfällen der Ernte führen können. Die dunkle Seite von Kupfer: Es ist ein Schwermetall, das sich im Boden anreichert. Daher sind die Mengen, die verwendet werden, streng reglementiert. Die EU hat die Obergrenze seit 2005 mit sechs Kilogramm pro Hektar und Jahr festgelegt. In Studien[5] wurde festgestellt, dass etwa 85 Prozent der Winzer mit weit weniger, nämlich rund drei Kilogramm, das Auslangen finden, vorausgesetzt die Laubarbeit im Weingarten wird genau genommen und der Weingarten ist im biologischen Gleichgewicht. Die Suche nach Alternativen, etwa bakterielle Antagonisten[6], ist im Gange, war aber bisher nicht erfolgreich.

20 Viel Arbeit – und der Geschmack?

Das Festhalten an diesen Behandlungsmitteln bei den Biowinzern hat viele Ursachen: Zum einen ist in nördlicheren, weil kühleren und feuchteren Regionen, die Gefahr von Pilzkrankheiten weit höher als im warmen, sonnendurchfluteten und oft auch noch windexponierten Süden.

Außerdem: Je rigoroser der Verzicht auf Behandlungsmittel – umso mehr muss im Weingarten gearbeitet werden. Gerade im biologischen Weinbau rächt sich jeder Fehler doppelt: Schlechte Laubwandgestaltung, unangepasstes Boden- und Begrünungsmanagement oder unsachgemäße Aufbringung der spärlich erlaubten Schutzmittel stellten Experten der Klosterneuburger Weinbauschule im Rückblick auf das Jahr 2004 fest.[7] Wer hier schleißig ist, muss nachher Weinfehler (etwa: Böckser) reparieren – und zwar mit Mitteln auf Kupferbasis.[8] Kritiker argumentieren nun, dass es vielleicht besser sei, im Weingarten bei Gefahr im Verzug einmal mit einem „konventionellen“ synthetischen Produkt gezielt dreinzufahren, als präventiv mit „Bio“-kompatiblem Kupfer und Schwefel zu spritzen.

Weitere Hilfestellung kommt aus Rebschulen und Zuchtanstalten. PIWI-Sorten heißt das Zauberwort, Reb-Neuzüchtungen, die gegen Pilzbefall resistent sind. Dazu gehören übrigens auch die jüngsten Klosterneuburger Neuzüchtungen Rösler und Rathay, die angesichts dieser verheißungsvollen Eigenschaft auch von einigen „konventionell“ arbeitenden Winzern probiert wurden. Mit mäßig berauschendem Ergebnis: Denn, so der Tenor, die geschmacklichen Nachteile wiegen das bisschen Pilzresistenz nicht ganz auf. Rösler beispielsweise eigne sich zwar ob seiner dunklen Farbe zum „Deckwein“. Geschmacklich habe er, trotz einiger herzhafter Versuche als Solist und in Cuvées, bisher nicht überzeugt.

Ökologische Wirtschaftsweisen im Weinbau haben auf das geschmackliche Ergebnis keinen Einfluss, zeigt etwa eine Studie der Staatlichen Lehr- und Forschungsanstalt für Landwirtschaft, Weinbau und Gartenbau in Neustadt, Deutschland. Die Forscher hatten im Jahr 1998 56 Rieslinge, 21 Silvaner und 14 Weißburgunder aus drei Jahrgängen (1995, 1996 und 1997) und aus vier Weinbauregionen einer sensorischen- und aromatischen Analyse (Verkostung, Gas-Chromatographie) unterzogen. Die Studie belegt, so stellten die Forscher nüchtern fest, dass der Verzicht des ökologischen Weinbaus auf herkömmliche Pflanzenschutzmittel und bestimmte Düngeformen generell keine sensorischen Nachteile hervorgebracht habe. Andererseits konnten aufgrund der naturnäheren Bewirtschaftungsform auch keine höheren sensorischen Intensitäten festgestellt werden.[9] Ökologische und nicht ökologische Arbeitsweisen bringen in puncto Sensorik ergo ein gleichwertiges Ergebnis. Das heißt, wenn sich ein Winzer freiwillig Mehrarbeit, und das ist Bioweinbau, aufhalst, wird er das wohl aus Überzeugung machen. Oder weil er in den Genuss der erhöhten Förderungen kommen möchte, die aber die Mehrarbeit, so der Tenor unter Biowinzern, nicht wirklich aufwiegen.

Die Protagonisten

Die Anziehungskraft der Bioideen ist groß. Entgegen dem „Gesundheitsschlapfen“-Image sind die wenigsten Ökos abgehobene Einzelgänger, die zuhause aus der Wolle selbst geschorener Schafe kratzende Pullover stricken. Viele bekannte Winzer sind Mitglieder eines Bioverbandes, oft ohne das marketingmäßig großartig auszuwalzen. Andere wiederum arbeiten ökologisch, ohne einem Verband anzugehören – was ihnen aber auch den Vorwurf einbringt, sich in schwierigen Jahren ein Hintertürl offen zu lassen.

Öko-Ungläubige sind auch überzeugt, dass selbst der fanatischste Biodynamiker kaum einen Krankheitsbefall seiner Rebstöcke riskieren würde, der diese auf mehrere Jahrgänge hin schädigen, ja unbrauchbar machen würde, und daher bei hohem Pilzdruck mit allen gegebenen Mitteln dagegenhalten würde.

Ein ähnliches Muster zeigt sich international. Die Domaine de la Romanée Conti, Produzent rarer, höchstdekorierter und teuerster Weine in Burgund, arbeitet biodynamisch. Aus Frankreich stammen Gurus wie Marc Kreydenweiss, André Ostertag, beide Elsass, oder Didier Dagéneau und Nicolas Joly, der auch Autor der Biodynamiker-Bibel „Beseelter Wein" ist. Die beiden Letztgenannten genießen international großes Ansehen und werken an der Loire in Mittelfrankreich, ein Weinbaugebiet, das rein klimatisch nicht gerade prädestiniert ist für biologischen Weinbau.

Und nicht nur handliche Kleinbetriebe arbeiten nach diesen Richtlinien. Werner Michlits im burgenländischen Seewinkel etwa bewirtschaftet für österreichische Verhältnisse enorme 40 Hektar Rebflächen nach biodynamischen Grundsätzen. Fetzer, ein kalifornischer Großkonzern, ist Vorreiter des „organic growing" in Kalifornien und bewirtschaftet nach biodynamischen Grundsätzen. Und auch der am europäischen Markt präsente chilenische Großbetrieb Errazuriz von Eduardo Chadwick ist derzeit „Umstellungsbetrieb" und wird ab 2010 biodynamisch arbeiten.

Das können Sie glauben:

- Interessanterweise steht man Bioweinen weit skeptischer gegenüber als Bioprodukten im Allgemeinen, die in der ganzen Welt eine boomende Nische der Landwirtschaft sind: Warum eigentlich? Kontrolliert biologisch erzeugter Wein steht seinen konventionellen Kollegen in Qualität um nichts nach. Probieren geht auch hier über Studieren.

- Kontrolliert biologisch erzeugte Weine sind am Etikett als solche gekennzeichnet.

- Preist Ihnen jemand „ungeschwefelten Wein" an, ist höchstes Misstrauen angesagt: Ist der Wein tatsächlich ohne jeglichen Schwefel gemacht, wäre er schlicht untrinkbar bzw. gar nicht vorhanden.

- Trauen Sie niemandem, der einen fehlerhaften Wein mit „Dafür ist er biologisch" schönzureden versucht. Ausreden wie diese, die man zwar immer seltener, aber doch noch serviert bekommt, gelten nicht.

- Die Liste der Braven ist länger, als man glaubt, und umfasst nicht nur offizielle, kontrollierte Betriebe. Fragen Sie sich durch.

Gewächse aus der Arche Noah?

Seit der Reblaus-Katastrophe geht in Europa ohne amerikanische Unterlagsreben gar nichts mehr.

Es war ein Gemetzel. So um 1867 bekam der Direktor der Klosterneuburger Weinbauschule aus Deutschland amerikanische Rebstöcke geschenkt. Es zeigte sich wieder einmal, dass gut gemeint oft das Gegenteil davon bewirkt: Denn damit wurde – so die Historiker – die Reblaus, ein amerikanischer Schädling, auch in Österreich eingeschleppt. Der Fluch der Technik: Bis zur Erfindung dampfbetriebener Hochseeschiffe hatten amerikanische Rebläuse, die es in Übersee schon seit Jahrhunderten gab, den langen Transportweg auf Segelschiffen nicht überstanden.

Die Reblaus (Phylloxera) vernichtete in den Folgejahren so gut wie alle Rebstöcke in Europa, ergo auch in Österreich. Und danach war nichts mehr wie vorher – schon gar nicht gibt es seit damals „natürlich" gewachsene Rebsorten im Weinbau – bis auf ganz wenige, so genannte autochthone Sorten, die die Attacke überlebt haben.

Romantisierende Darstellung

Wer also jetzt noch vom „natürlichen Weinstock" spricht, hängt einer romantisierenden Sicht nach. Jeder Weinstock in Europa ist mittlerweile ein Produkt

Carl Spitzweg: Rast auf dem Weinberg, um 1845

künstlicher Zuchtversuche. Das hat sich im Bewusstsein vieler nicht durchgesetzt: Es gibt kaum ein Naturding, das archaische Wertvorstellungen so unmittelbar symbolisiert wie ein Weinstock – schlag nach in der Bibel.

Es war jedenfalls eine Tragödie, denn Weinbau war hierzulande ein jahrhundertealter Wirtschaftszweig. Im weitaus größeren Österreich des 16. Jahrhunderts wurden bis zu 200.000 Hektar bewirtschaftet (heute: 44.000). Allerdings: Die Europäer fanden einen Ausweg. Weil die Reblaus lediglich die Wurzel der Rebstöcke befällt, importierten sie eben amerikanische Unterlagsreben – die sich in Jahrhunderte langer Tradition als Reblaus-resistent erwiesen haben, und setzen darauf veredelte Sorten auf. Die Wiener Weinzuchtexpertin und Universitätsprofessorin Astrid Forneck: „Die erste biotechnologische Maßnahme überhaupt.“[1]

Seither werden gerade einmal eine Hand voll verschiedener Unterlagsreben (je nach Bodenbeschaffenheit) mit so charmanten Namen wie etwa „Kober5bb“ verwendet, um darauf dann die verschiedenen Edelweinreben (Veltliner, Burgunder, Chardonnay usw.) aufzupfropfen. Seither sind aber auch Kreuzungen zwischen Sorten eine übliche Technik – mehr als 10.000 verschiedene Sorten sind entstanden – freilich nur wenige werden auch verwendet.

Diese Erkenntnis hat aber durchaus auch Auswirkungen auf heutige Diskussionen um die Spielräume neuer biotechnologischer Methoden im Weinbau. Denn auch die „Aufpropfung“ nach der Reblaus-Katastrophe hatte

Beispiele österreichischer Rebsorten:[2]

- Blauer Burgunder:
  Kreuzung zwischen Schwarzriesling und Traminer
- Chardonnay:
  Kreuzung aus Burgunder und Heunisch, irrtümlich manchmal als Morillon bezeichnet
- Müller Thurgau:
  Kreuzung aus Riesling und Madleine Royale
- Muskat Ottonel:
  Kreuzung aus Gutedel und Muskat
- Neuburger:
  der Sage nach aus der Donau gefischt, Kreuzung aus Roter Veltliner und Silvaner
- Rheinriesling:
  Ursprung der Sorte Riesling
- Silvaner:
  heimische Rebsorte, Kreuzung aus Traminer und Österreichisch Weiß
- Traminer:
  Kreuzung aus Wildreben, eine der ältesten Rebsorten Europas
- Grüner Veltliner:
  Traminer-Abkömmling
- Zweigelt:
  Kreuzung aus Blaufränkisch und St. Laurent (Zweigelt ist im Gegensatz zu den meisten anderen erwähnten Rebsorten keine Zufallskreuzung, sondern wurde in den 1920er Jahren durch Professor Zweigelt, dem damaligen Direktor der Weinbauschule Klosterneuburg, durchgeführt)

damals ähnliche Diskussionen hervorgerufen wie heute bei der Gentechnik oder modernen Kellertechniken: „Die Frage ‚Ist das noch Wein?' wurde um die Jahrhundertwende in den einschlägigen Zeitschriften diskutiert", berichtet Wissenschafterin Forneck. Etwas, was heute niemand mehr in Frage stellt, zumal mit der Neuzüchtung auch eine deutliche Geschmacksverbesserung einherging. So zeigen Zuchtversuche, dass damalige Weine geschmacklich kaum heutigen Anforderungen gerecht wurden.

Problem Neuzüchtung

Gar nicht so einfach, denn die komplexe Weinproduktion findet ihre Entsprechung in der komplexen Struktur einer Weinrebe: Zu viele Komponenten bestimmen die Brauchbarkeit einer Neuzüchtung[3] – im Unterschied etwa zu Getreide, wo gerade einmal Stärke- und Vitamengehalt als Zielvorgabe zu definieren sind. Trotz vieler Versuche schafften es nur wenige neue Sorten in die Kataloge der Weinbauverbände. Denn gerade bei Kreationen, denen neuartige Eigenschaften angezüchtet werden, wie etwa Pilzresistenz, treten oft unerwartete Nebeneigenschaften auf, wie die Neigung zur so genannten Untypischen Alterungsnote (UTA)[4], ein störender Geschmacksfehler.

Jetzt erst kommen Forscher, so genannte Ampelographen, anhand der Genanalyse drauf, wie genau Verwandtschaftsverhältnisse zwischen einzelnen bekannten Rebsorten verlaufen. So etwa wurde unlängst zur Verwunderung der Weinfreunde festgestellt, dass der im Burgenland so beliebte Weißburgunder gar kein solcher ist, sondern ein Chardonnay.[5]

Jacob Philipp Hackert: Weinlese bei Sorrent, um 1784

Das können Sie glauben:

- Seien Sie nicht zu misstrauisch gegenüber Biotechnologie – so gut wie alle der über 10.000 Rebsorten in Europa sind das Ergebnis künstlicher Kreuzungen, Zuchtmaßnahmen und aufgepropfter Veredelungen auf einer Hand voll Unterlagsreben.
- „Back to the roots" oder Wein „wie er früher einmal war" entspricht nicht heutigen Geschmackskriterien.
- Eine Annäherung bieten so genannte autochthone Sorten: etwa Uhudler, die nicht veredelt wurden.

Was übrig bleibt, wenn der mystische Schleier ums Verkosten gelüftet wird

Haben Weingurus und Profiverkoster wirklich immer Recht? Oder können sie überhaupt jemals Recht haben? Ist Robert Parker tatsächlich schuld daran, dass die Weine immer dunkler, konzentrierter und Holz-geprägter werden? Und gewinnen bei Weinverkostungen wirklich immer nur die Alkoholhämmer?

Da sich das Thema Wein längst weit davon entfernt hat, ein romantisches Spiel für sinnesfrohe Hedonisten zu sein, sondern vielmehr ein beinhartes Business mit stahlharter Konkurrenz und gnadenlosen Marktmechanismen ist, zählen die Urteile renommierter Weinverkoster mehr denn je.

In diesem Spannungsfeld stellt sich die Frage nach der wissenschaftlichen Seriosität von Verkostungen, nach der menschlichen Fähigkeit, die Aromen von Wein überhaupt einigermaßen wahrzunehmen, und nach dem weltweiten Einfluss einzelner Starverkoster auf die Weinbranche der ganzen Welt.

Wobei den Damen und Herren bei der Verkostung moderne Analysemethoden zumindest dann Recht geben können, wenn sie behaupten, dass ein Wein nach nassem Hund oder verschwitztem T-Shirt riecht.

Anders sieht es dafür mit der guten alten Regel aus, welcher Teil der Zunge welchen Geschmack wahrnimmt – diese Zungenlandkarte ist genauso überholt wie der Glaube, dass die Erde eine Scheibe ist.

Frans Hals: Der fröhliche Trinker, 1627

Wein schmeckt nur nach Wein?

Trainierte können die komplexen Kombinationen aus überall vorkommenden Aromastoffen auch beim Wein beschreiben.

Es gibt Extreme, das ist klar: Manche Weinverkoster und -beschreiber werden von einem Wein zu ungezügelter Poesie veranlasst und können in einem Grünen Veltliner schier unglaubliche und vor allem völlig unnachvollziehbare Aromen, Essenzen und Assoziationen entdecken. Einerseits. Andererseits gibt es auch solche, die der festen Überzeugung sind, dass Wein nur nach Wein und nach sonst nichts riechen und schmecken kann, weil es ja schließlich auch nur Wein ist. Wir wollen diese Kategorie von Weintrinkern kurz „die Ignoranten" nennen und sie auf einer Ebene mit denen platziert wissen, die immer noch standhaft behaupten, dass ein Flugzeug nicht fliegen kann, da es nachweislich schwerer ist als Luft.

Tatsächlich ist die Weinsprache mehr als nur reine Poesie – schnallen Sie sich gedanklich an. Wein wird bekanntlich aus Weintrauben hergestellt, und in Weintrauben befinden sich Glycoside oder Zuckerderivate. Bei diesen Stoffen handelt es sich um so genannte Aromavorläufer, die erst in Verbindung mit dem bei der Gärung entstehenden Äthylalkohol, Enzymen oder den diversen im Wein enthaltenen Säuren (Weinsäure, Äpfelsäure, Bernsteinsäure) aromarelevant werden.[1]

Solche Stoffe befinden sich in weitaus größerer Zahl in der Weinbeere als „freie" Geschmacksstoffe, wenngleich in winziger Dosierung, „wir bewegen uns da im Pico-Bereich", erklärt Harald Scheiblhofer von der HBLA Klosterneuburg.[2] Was allerdings reicht, um technisch nachweisbar zu sein und um ein Aroma hervorzurufen. Mit neuesten gaschromatischen oder massenspektronometrischen Untersuchungen lassen sich auch noch Konzentrationen von eins zu einem Trillionstel feststellen.

Und ein brasilianisches Forscherteam um Antonia Riul[3] hat etwa eine elektronische Zunge entwickelt, die mittels beschichteter Gold-Elektroden, deren elektrische Leitfähigkeit unterschiedlich auf Geschmacksstoffe reagiert, ein genaues Geschmacksprofil aus einer Kostprobe erstellen kann.

Aromagleichung: Rose = Wein

Worauf reagieren wir nun? So sind Monoterpene wie das Linalol, Nerol oder Geraniol etwa zum Teil für die fruchtigen Komponenten im Muskateller, Riesling oder Gewürztraminer verantwortlich oder Carotinoid-Derivate wie Damascenon (Rosenöl) oder Megastigmatrienon für das typische Aroma von Chardonnay. Shikimat-Derivate wie Himbeer-Keton, Vanillin oder Zingeron sorgen für die pfeffrige Würzigkeit von Syrah und Methoxypyrazin für die grasig-grünen Noten in Cabernet Sauvignon und Sauvignon Blanc.[4]

Es gibt Abertausende von Aromastoffen, der Bereich gilt noch als weitgehend unerforscht. Aber auch von den bereits bekannten Aromastoffen lässt sich mittels Gas-Chromatograph feststellen, dass etwa ein Cabernet Sauvignon tatsächlich nach Schwarzen Johannesbeeren oder Sauvignon Blanc nach Brennnesseln und Holunderblüten riecht, weil da einfach die gleichen Aromastoffe vorhanden sind. Abgesehen davon, dass es auch kein Mirakel ist, wenn ein im Barrique ausgebauter Wein nach Vanille, Karamell und Teer duftet, da durch das Rösten („Toasting") der Fassdauben ja schließlich die unterschiedlichen Röst-Aromen mit dem Wein in Kontakt gebracht werden und dieser die enthaltenen Stoffe während seiner Fassreife von dort auslaugt.

All diese Aromastoffe kommen natürlich in Früchten, Gewürzen, in Tabak, in Teer, in Gräsern und Kräutern ebenfalls vor. Und nachdem Sinnesorgane trainierbar sind, lässt sich auch der Geschmackssinn so weit trainieren, dass er diese unterschiedlichen Noten aus einem Schluck (bzw. einer Nase!) herausschmecken (bzw. -riechen!) kann. So etwa – Weinkenner verzeihen uns diesen plakativen Vergleich –, wie ein Bauer ohne Probleme seine 25 und mehr Kühe alle in Lisas, Ellas, Fleckis usw. unterscheiden kann, während ein im landwirtschaftlichen Wahrnehmen untrainierter Städter nur Rindviecher sieht.

Offizielles Aroma-Rad

Und man kann es schätzen oder verachten (insbesondere wenn Fachsprache als

Abgrenzungsvehikel eingesetzt wird – was in allen Fachbereichen vorkommt): Aber derartige Begriffe haben mehr oder weniger offiziellen Status erreicht, nicht erst durch die Entwicklung des so genannten „Aroma-Rades“ durch Ann C. Noble von der Universität Davis, die mit der Auflistung und Unterteilung unterschiedlicher, in Wein vorkommender Aromen ein standardisiertes Begriffsregister von beschreibenden, aber wertfreien Ausdrücken zur Beschreibung eines Weinaromas schaffen wollte.[5]

Der Tiroler Sommelier Egon Mark und der Wiener Weinautor Viktor Siegl haben Ann C. Nobles Aroma-Rad sowohl den österreichischen Begrifflichkeiten als auch den in österreichischen Weinen vertretenen Aromen ein wenig angepasst[6]. Auf der Internetseite des Hallwag-Verlages kann man sich zur Verdeutlichung der Idee auf einen Klick auch Beispiele für die elf verschiedenen Familien der Aromen abrufen, bei „geröstet“ erscheint zum Beispiel der Champagner mit seinem „Toastbrot-Aroma“.[7]

Freilich kommen auf Nobles und anderen, weiter entwickelten „Aroma-Kreisen“ auch so „kuriose“ Aromabezeichnungen wie „nasser Hund“, „Schweiß“, „Staub“ oder „Speck“ vor, fraglos lauter Gegenstände, die im Wein nichts zu suchen haben und mit hoher Wahrscheinlichkeit auch nie damit in Kontakt gekommen sind. Die aber nun mal nachweislich ein ähnliches Aromaspektrum aufweisen – und wie man weiß, ist ja alles Leben Chemie, und Wein somit genauso wie ein nasser Hund.

▸ Wie schmeckt „maskulin“?

Weit weniger fundiert sind die mindestens ebenso häufig bei Weinansprachen benützten Adjektive wie „elegant“, „verspielt“, „rassig“, „dynamisch“, „maskulin“ und dergleichen. „Das ist meist rein subjektiv, damit kann ich eher weniger anfangen“, meint Harald Scheiblhofer. Aber der ist schließlich auch Wissenschafter und die Weinbeschreibung bewegt sich dann doch oft mehr im literarisch-poetischen Bereich. Und wenngleich man bei einem „maskulinen“ Wein sicher nicht einmal mit dem genauesten Gas-Chromatographen oder nuklearer Magnetresonanz auf Deuterium-Basis männliches Testosteron nachweisen können wird – so weiß man(n) schließlich doch, was damit gemeint ist.

Das können Sie glauben:

- Mit Geruchs- oder Geschmacks-Assoziationen, die in der Natur vorkommen, liegen Sie selten falsch. Bei Begriffen wie „elegant“, „feminin“ oder „stahlig“ ist die Sache weit weniger genau, auch wenn man weiß, was gemeint ist.
- Haben Sie keine Scheu, Ihre Assoziationen auszusprechen! Schließlich macht Übung doch den Meister und mit der Herausforderung wird das Sensorium besser und die Zuordnung fällt leichter.
- Man kann es freilich auch übertreiben, und wenn Sie meinen, ein Wein erinnere Sie an eine Schlittenfahrt im Jänner 2001, dann sollten Sie das doch etwas näher erläutern können.

Objektive Schmeckometer?

Verkostungen können nur entweder subjektiv sein oder einen unbedeutenden Mittelwert ausdrücken.

Robert Parker, René Gabriel oder auch Peter Moser wird gerne vorgeworfen, bei ihren Weinverkostungen[1] bloß Einzelmeinungen zu repräsentieren. Umgekehrt heißt es oft, dass Ergebnisse umso objektiver ausfallen, je größer das Verkoster-Panel ist. Tatsächlich kann beides, mit dem Brustton der Überzeugung vorgetragen, rasch zu einer Wein-Lüge vergären: Weder sollte im Falle von Weinverkostungen Subjektivität ein Vorwurf sein, noch lassen sich Geschmacksvorlieben objektiv werten.

Durchschnittlich sind alle

Immer wieder versuchte Methoden, um mit möglichst großer Objektivität Weingüter in ihrer Gesamtheit zu bewerten, zeigen genauso oft die dabei auftretenden Unschärfen. Für den Weinguide des österreichischen Guide Gault Millau, der die Leistung von Weingütern beurteilt, wird da zum Beispiel nach einem recht komplizierten Mehrstufenplan vorgegangen, um möglichst große Objektivität zu erzielen: Eine vielköpfige Fachjury gibt brieflich eine erste Bewertung eines Weingutes (0 bis 20 Punkte) ab; der daraus resultierende Durchschnittswert eines Weingutes sagt aus, ob weiter ins Detail gegangen wird oder nicht. Bei einem Wert unter 16,5 Punkten bleibt die auf diese Weise erreichte Punkteanzahl für das Weingut jedenfalls fix.

Bei einem höheren Wert wird der Winzer eingeladen, einen Wein zur Degustation einzureichen; dieser Wein wird dann von der obigen Jury blind probiert und bewertet, ein erneuter Durchschnittswert wird errechnet und die endgültige Wertung zu 70 Prozent aus der schriftlichen Bewertung und zu 30 Prozent aus der Degustation ermittelt.[2] Das Resultat fügt sich somit aus drei Durchschnittswerten zusammen – vom empirischen Standpunkt bedenklich und vor allem mit dem wenig aussagekräftigen Ergebnis, dass so ziemlich alle im Guide vertretenen Weingüter Österreichs in der guten Mitte liegen.

28 Weingüter erhielten 17 Punkte für ihre Rotweine, 23 Weingüter wurden mit 17 Punkten für ihre Weißweine ausgezeichnet, drei bekamen 18 Punkte für Rotwein, vier 18 Punkte für Weißwein, 19 Punkte wurden gar nicht vergeben, 15 und 16 dafür in verheerendem Ausmaß.[3] Alles Ergebnisse, die schon irgendwie stimmen, von einer präzisen Beurteilung aber Lichtjahre entfernt sind.

Extreme wegkalibriert

Mit noch viel größerem methodischem Aufwand geht die so genannte „Grand Jury Européen" vor: In diese Jury werden – paritätisch nach europäischen Ländern aufgeteilt – erstens nur Weinverkoster eingeladen, deren fachliche Kompetenz auch im internationalen Vergleich außer Zweifel steht, die nicht nur zuverlässig und gut kosten können, sondern dies auch schon seit langer Zeit professionell tun.

Die Verkostungen der Jury finden fünf- bis sechsmal im Jahr und unter notarieller Aufsicht statt. Es werden niemals mehr als 33 Weine pro Sitzung verkostet, pro Tag gibt es höchstens zwei Sitzungen, verkostet wird „blind" und jeder Koster beginnt die Serie mit einem anderen Wein, um etwaige Benachteiligungen des ersten Weins auszuschließen. Außerdem wird jedes Jurymitglied im Verhältnis zur Gesamtgruppe „kalibriert", wie Peter Moser, Chefredakteur des Falstaff Magazins und Mitglied der Grand Jury, erklärt, also

Mitglieder mit Tendenz zu höheren oder niedrigeren Bewertungen oder solche, deren Beurteilungen grundsätzlich extremer oder verhaltener ausfallen, werden durch statistische Berechnung „angeglichen". Außer einer durchschnittlichen Punkte-Wertung wird bei den verkosteten Weinen auch noch der Übereinstimmungsfaktor angegeben (mit 1 bis 5 Sternen). Entwickelt wurde die Methode von Bernhard Burtschy, Statistiker und außerdem Herausgeber des Guide de Vin des französischen Gault Millau. Sie ist ohne Frage wissenschaftlich und objektiver (Moser: „Ein Einzelner kann sich irren, die Grand Jury eher nicht"), ob sie „aussagekräftiger" als die Urteile einzelner Verkoster ist, bleibt allerdings dahingestellt.

Das können Sie glauben:

- Analytische Proben können – auch mit technischen Hilfsmitteln – Inhaltsstoffe und deren Verhältnisse zueinander aufzeigen, auch ob ein Wein fehlerfrei ist, kann einigermaßen objektiv festgestellt werden. Ob es ein guter oder ein großer Wein ist, sagt einem so eine Verkostung allerdings nicht.

- Je mehr Verkoster an einer Degustation mitwirken, desto mehr subjektive Einzelurteile gibt es, aus denen zwar ein Durchschnitt errechnet werden kann, der dann aber eine rein statistische Wahrheit darstellt.

- Einzelverkoster können zwar irren, sind aber dafür leichter einschätzbar.

▸ Potenzial nicht abschätzbar

Denn was die „Grand Jury" sicher nicht kann, ist Weine auf ihr Potenzial hin einzuschätzen, „weil da hat jeder unterschiedliche Erfahrungen, und da ist eine Blindprobe mit 25 Teilnehmern auch nicht die richtige Methode dafür", so Moser. Es sei aber ein zuverlässiger Gradmesser für den „Ist-Zustand" eines Weins und „in einem halben Jahr kann das wieder vollkommen anders aussehen", fügt er hinzu. Der hohe Aufwand mache es darüber hinaus nur möglich, eine kleine Zahl von Weinen auf diese Art und Weise zu verkosten, und das sind dann eben meistens die großen Bordeaux oder ähnliche Kaliber. Generell, so Moser, neige das Publikum aber dazu, Einzelverkostern zu vertrauen, da sich deren Meinung mit etwas Übung im Laufe der Jahre und der interessierten Beobachtung individuell einschätzen lasse.

Was tatsächlich funktioniert ist die Fehlerbeurteilung eines Weins – zig-tausendmal bei der Erteilung der staatlichen Prüfnummer für österreichische Qualitätsweine durchexerziert. Allerdings: Hier wird einem sechsköpfigen Verkostergremium, das hinsichtlich Beurteilungsstärken und -schwächen ausgewogen (kalibriert) zusammengesetzt wird, lediglich ein Beurteilungsbogen mit einer einzigen Frage vorgelegt (sinngemäß) – entspricht der Inhalt der außen auf der Flasche angegebenen Sorte (bzw. Jahrgang, Qualitätsstufe)? Und selbst da – noch lange kein Qualitätsurteil – sind sich die sechs Tester in den seltensten Fällen wirklich einig: Als positiv geprüft gilt daher der Mehrheitsentscheid.

Parker regiert die Weinwelt?

Eher reagiert die Weinwelt auf Parker – aber nur, weil nicht nur Parker gut gemachte kräftige Rotweine schätzt.

Die Debatte darüber, dass Parker immer nur „fette“ Weine bevorzuge und es sich bei der derzeitigen Verkostungs- und Benotungspraktik somit um eine Art internationaler Verschwörung der „Parkeristas“ handle, folgt derzeit jeder Rotweinverkostung wie das Amen im Gebet. Richtiger wird die Sache dadurch aber nicht.

Der Amerikaner Robert Parker gilt als der einflussreichste Weinkritiker der Welt. Sein „Wine Advocate“[1] wird vor allem in Bordeaux quasi als Gradmesser in Sachen Wein verstanden. Der Vorwurf, dass Parker nur mittlerweile als „Parker-Weine“ verschriene Wein-Monster schätze, verfehlt das Ziel. Denn daran, dass sich die Weinszene seit Mitte der 1980er Jahre weltweit verändert hat, dass neue Kontinente „weinmäßig“ erschlossen wurden, dass Wein vom Thema elitärer Altherren-Runden zum unverzichtbaren Lifestyle-Asset wurde, dass mediterrane Küche und damit auch Wein ein Popularitätshoch erlebten und dass somit insgesamt der Weinabsatz und das Weininteresse eine ungebrochene Hausse durchmachen, dafür kann der Anwalt aus Monkton in Maryland wahrlich nichts.

Zeitgeist(er)fahrer

Freilich war Robert Parker genau der richtige Mann mit der richtigen Bewertungsskala zur richtigen Stunde (konkret: August 1978, der erste Wine Advocate erscheint in einer Auflage von 600 Stück): Sein 100-Punkte-System ist selbst für Laien und Anfänger absolut leicht zu verstehen, und dass in Zeiten, da Statussymbole in der Gesellschaft einen äußerst wichtigen Stellenwert besitzen, eine Bewertung von 99 oder 100 Punkten den Absatz und den Preis eines Weins pushen kann, darf nicht weiter verwundern. Konkret erhöht sich der Preis eines Bordeaux Primeur (das heißt: Fassprobe, bevor der Wein auf den Markt kommt, Preise noch sehr flexibel), nachdem er in Robert Parkers „Wine Advocate“ erwähnt und bewertet wurde, um durchschnittlich 2,80 Euro, wie Michael Visser vom französischen Institut für landwirtschaftliche Studien (INRA) und zwei Kollegen in einer Studie feststellten.[2] Oder dass das an der Börse notierte Napa-Weingut Mondavi im Jahr 2000 14 Punkte verlor, nachdem die Parker-Wertung eher mäßig ausfiel.[3]

Wobei das noch nichts Besonderes ist – ähnliche Mechanismen passieren auf allen Börsen der Welt viele tausend Mal pro Tag. Am Sonderstatus von Robert Parker in der Weinwelt ändert das freilich nichts, aber es rechtfertigt eben auch keinen Vorwurf. Ebensowenig kann man Robert Parker vorwerfen, dass er in seinen Büchern bekennt, Weine zu bevorzugen, deren Ertrag auf ein schmerzliches Mindestmaß reduziert wird, die nicht geschönt und nicht filtriert wurden, die im Keller vergleichsweise wenig manipuliert werden und deren Charakter so weit wie möglich gefördert wird.[4] Nun, das sind insgesamt die Voraussetzungen für erstklassigen Wein.

Dass Parker Weine dann beurteilt, wenn sie noch keineswegs für den Genuss gedacht sind, nämlich als Fassprobe oder in sehr jungem Stadium, und dass zu diesem Zeitpunkt sowohl die Holz-Noten als auch die Aromen der jugendlichen Primärfrucht absolut dominieren, steht auf einem anderen Blatt Papier. Als Weinkritiker hat er aber nicht wirklich eine andere Chance, als Wein dann zu beurteilen, wenn er am Markt erscheint. Dass die Weine in zehn oder 15 Jahren feinere und diffizilere Nuancen zeigen, ist klar, nur für die unmittelbare Kritik eben von wenig Belang.

Eine weitere krasse Missinterpretation der Absichten Parkers ist der Effekt, dass viele Winzer ihre Weine so auszubauen begannen, wie sie annahmen, dass sie dem Kritikerguru gefallen würden. So meint Parker selbst: „Wenn die vereinigten Weinmacher der Welt alle beginnen, Weine auf dieselbe Art und Weise zu erzeugen und sie so zu gestalten, dass sie damit die geringste Anzahl von Leuten vor den Kopf stoßen, wird der Wein zweifellos seine faszinierende Anziehungskraft und Individualität verlieren und nicht viel besser sein als die meisten Whiskys, Gins oder Wodkas."

Burgund gegen Bordeaux

Ebenfalls ist es falsch, ihm vorzuwerfen, nur schwere und überkonzentrierte Bordeaux oder kalifornische Monster-Weine gut zu beurteilen. Ja, die bekommen gute Noten, aber nicht zuletzt deshalb, weil sie gut gemacht sind und seinen Kriterien eines guten Weins entsprechen. Gute Noten allerdings erhalten

auch sehr viele Weine aus Burgund – Inbegriff der filigranen Delikatesse und traditionell die Hochburg englischer Weinkritiker: Claude Dugat, Bernard Dugat-Py, Jean Grivot, Henri Jayer, Dominique Laurent und noch viele andere erhielten Bewertungen in den hohen 90ern.

Die 47 verschiedenen Weine etwa der Domaine Leroy liegen zur Gänze über 90 Punkten (der Romanée St. Vivant 1993 bekam 100 Punkte, Chambertin 1996 99+, Musigny 1996 99+), die zwölf Weine der legendären Domaine de la Romanée Conti ebenfalls, von acht Weinen der Domaine de Comte de Vogüé[5] befinden sich sechs in den 90ern – allesamt Betriebe, die nicht nur vom „amerikanischen Emporkömmling", wie ihn britische Weinkritiker gerne diskreditieren, geschätzt werden, sondern generell höchste Wertschätzung erfahren.

Wenn in Burgund auch schlechte Bewertungen anfallen, liegt das nicht an Parkers Ignoranz, sondern daran, dass größere Häuser in Burgund im Gegensatz zu Bordeaux, wo es einen oder zwei Weine pro Weingut gibt, bis zu 80 verschiedene Weine unterschiedlichster Qualitätsstufen anbieten. Es liegt auch daran, dass im gerne mystifizierten Burgund generell mit sehr viel älterer Kellertechnik gearbeitet wird bzw. die Produktionsphilosophie mit den derzeitigen Qualitätsansprüchen oft nicht ganz mithält. Ein kleines Detail am Rande: Gemeinsam mit seinem Schwager besitzt Robert Parker auch ein kleines Weingut namens Beaux Frères[6] in Oregon – auf dem ausschließlich Pinot Noir und zwar nach burgundischem Vorbild gekeltert wird.

Bessere Weingartenarbeit

„Es ist absurd zu glauben, dass Robert Parkers Einfluss auf die Weine von Bordeaux – auch, wenn er zweifellos der einflussreichste Kritiker der Welt ist – den Geschmack oder den Stil einer so stolzen und traditionsbewussten Region ändern kann", meint immerhin Michel Betane, seinerseits einflussreichster Weinkritiker Frankreichs und Chefredakteur der „Revue du Vin de France" im Interview mit Tim James vom Magazin „Grape".[7] Parker hätte da weder jemanden beeinflusst noch Önologen wie Michel Rolland (dessen Stil von Parker sehr geschätzt wird) ungerechtfertigterweise gefördert, „der Wechsel zu reiferen, fruchtigeren Weinen war ganz einfach ein genereller; und dass Latour oder Lafite heute konzentrierter

sind als früher, liegt an der besseren Weingartenarbeit, Traubenselektion und nicht zuletzt an den wärmeren Jahrgängen".

Schwere Weine im Trend

Zu guter Letzt: Die Zunahme der „kräftigen", überreifen, schweren Weine ist keineswegs nur ein Parker-Phänomen, sie fand etwa auch in Italien statt, wo einerseits die Weine immer konzentrierter und „internationaler" wurden, andererseits auch die Begeisterung von Italiens wichtigstem Weinguide, Vini d'Italia, für solche Weine rasant zunahm.[8] Und sogar in Österreich, wo der Falstaff-Weinguide[9] in den letzten Jahren einen für die Weinszene dieses Landes äußerst großen Einfluss bekam, sind die am besten bewerteten Weiß- wie Rotweine allesamt extrem muskulöse Getränke (wenngleich die Rotwein-Wertung ex aequo an den Power-Wein „Salzberg 2002" von Gernot Heinrich und immerhin einen Pinot Noir – einen ziemlich kräftigen zwar – vom Schloss Halbturn des Jahres 2003 ging).

Verkostungsphänomen

Ein Faktum bleibt freilich unbestritten, dass gerade bei Verkostungen vieler Weine immer die alkoholischeren, wuchtigeren, dunkleren und süßeren gewinnen, selbst bei größter Aufmerksamkeit – das ist eine Art Wein-Paradigma. Und Parker kostet pro Tag zwischen 80 und 100 Weine.[10] Allerdings: Das sollte nur bei Hobbyverkostern eine Rolle spielen, Profis können die Qualitäten selbst von filigraneren Weinen auch noch nach der 40sten Probe feststellen.

Das können Sie glauben:

- Dass Weine reifer, fruchtiger und kräftiger werden, liegt einerseits an einer Zunahme der Traubenqualität und besserer Kellertechnik, andererseits an einem weltweiten Trend, nicht aber an Robert Parker.
- Dass Weine immer mehr nach Holz schmecken, liegt nicht daran, dass Parker das so mag, sondern daran, dass die Weine immer jünger getrunken werden.
- Dass Parker-Punkte so oft erwähnt werden, hat primär damit zu tun, dass diese auch für Wein-Snobs so leicht zu verstehen sind.
- Lesen Sie nicht nur die Parker-Punkte, sondern auch seine Wein-Beschreibungen – da kann man ganz schön was lernen.

Viel Alkohol, viel Wein?

Alkohol allein sagt über die Qualität eines Weins überhaupt nichts aus.

Jahrelang lagen sie immer an vorderster Stelle bei den Verkostungen, Alkoholwuchteln, die einen schon beim Riechen knapp an die Promillegrenze der Straßenverkehrsordnung bringen. Und sie wurden genauso gerne gekauft. Schließlich wollte man ja auch was für sein Geld bekommen. Und sei es vor allem einen Rausch mit einem gediegenen Kater im Anschluss. Mitnichten. Der Geschmack und die Güte eines Weins ergeben sich vielmehr aus dem Zusammenspiel mehrerer Komponenten.

Dazu zählen neben Alkohol vor allem auch Säure, Restsüße und Tannin (bei Rotwein), die in halbwegs ausgewogenem Verhältnis zueinander stehen müssen. Ein wichtiger Aspekt ist auch das Gefühl im Mund: Ist es dünn und fühlt sich wie Wasser an oder ist der Wein körperreich. „Körper" wird von Julia Sevenich als „Summe von Alkohol, Glyzerin, Restsüße und anderen Extraktbestandteilen"[1] definiert. Ist der Alkohol zwar hoch, aber ohne ausgleichende Komponenten, schmeckt der Wein eher wie Fleckbenzin und brennt beim Hinunterschlucken richtig im Rachen. Viel Alkohol schmeckt auch leicht süßlich und wärmt beim Hinunterschlucken. Hat ein Wein dagegen weniger Alkohol, kann er durchaus harmonisch und angenehm

schmecken, wenn diese Komponenten mit allen anderen im Lot sind.

Eine Folge des Beerenzuckers

Der Alkoholwert ergibt sich aus dem Anteil von Zucker in den Beeren, der bei der Photosynthese eingelagert wird. Bei der Gärung wird Zucker von den Hefen in Alkohol und Kohlendioxid aufgespalten (siehe auch Kapitel „Hefen: Wilde Burschen?"). Ist viel davon da (bzw. wird durch so genannte Anreicherung mit Zucker – Chaptalisierung – nachgeholfen), haben die Hefen gut zu tun und es wird auch viel Alkohol herauskommen. Viel Zucker gibt es in wärmeren, sonnenreichen Jahren bzw. in sonnenreichen Gegenden, wie zum Beispiel in Süditalien oder manchen Regionen Australiens, weil über die Blätter am Rebstock kräftig assimiliert wird. In Hitzejahren wie 2000 oder 2003 gab es in Österreich daher viele kräftige Weine. Außerdem gibt es Rebsorten, die von Natur aus heftig Zucker einlagern, wie zum Beispiel Traminer oder Shiraz, die also nur in Ausnahmefällen, zum Beispiel wenn sie unreif gelesen wurden, niedrig im Alkohol sein können.

Unter aufgeschlossenen Weintrinkern sinken „Alkoweine" derzeit in der Gunst. Messbar. Bei der deutschen Bundesweinprämierung 2005 etwa wurde ein durchschnittlich 5-prozentiger Rückgang des Alkoholgehalts bei Weißweinen[2] errechnet. Beliebtestes Argument – neben dem des ausgewogenen Geschmackserlebnisses –, man möchte auch noch ein zweites Glas trinken, ohne sich danach schlafen legen zu müssen. Als Speisenbegleiter eignen sich weniger alkoholische Weine besser, da sie selten mit Essenskomponenten interferieren. Zu fettreichen Speisen passen ganz allgemein alkoholreichere Weine als zu einem schlichten gegrillten Fisch.

Das dürfen Sie glauben:

- Ob ein Wein gut ist oder nicht, ist nicht am Alkoholwert des Etiketts abzulesen, sondern nur durch Probieren herauszufinden.

- Am Alkohol können Sie selbst bei Blindproben die Region, aus der ein Wein stammt, erkennen. Das ist die gute Nachricht für Blindproben-Freaks. Die schlechte Nachricht lautet: Er ist nur eines von vielen Indizien, die wie ein Puzzle zusammengesetzt werden. Entweder ist der Wein aus einer Gegend, die sehr sonnig und warm ist, oder das Produkt eines sehr heißen Jahrgangs einer nicht ganz so warmen Region bzw. einer Rebsorte, die bei genügend Sonneneinstrahlung hohe Gradationen entwickelt..

- Alkohol ist und bleibt ein Nervengift, das einiges an Suchtpotenzial in sich birgt.

Blinde Flecken?

Der Geschmackssinn hält sich nicht so strikt wie angenommen an die berühmte „Zungenlandkarte“.

Erklärungsmuster haben so eine unheilvolle innere Tendenz zu vereinfachen. Zum Beispiel: Männer denken rational, Frauen emotional. Oder: Um den Staatshaushalt zu sanieren, muss man Steuern erhöhen (oder senken). Und: Vorne auf der Zunge schmeckt man süß, hinten bitter, rechts und links sauer und sonst überall salzig. Das ist sie, die berühmte Zungenlandkarte aus unserer Schulzeit. Aber genauso wie das mit den Männern und Frauen oder mit dem Staatshaushalt nicht ganz so simpel ist – scheint auch die einfache regionale Einteilung der Zunge eine Überinterpretation, wenn nicht gar ein Märchen zu sein, wie wissenschaftliche Studien schon seit längerem belegen.

Bereits vor rund 100 Jahren wurde die Kartographie der Zunge publiziert. Doch gerade im Hinblick auf Weindegustationen hat sie keinen maßgeblichen Stellenwert, formuliert es etwa Walter Pamminger, Wiener Chemiker und Weinkenner.[1] Die Einteilung stimme lange nicht so streng, wie sie gerne – und leicht verständlich – weitererzählt werde. „Ein Kuriosum“, so Pamminger. Er kann sich auf Erkenntnisse der Wissenschaft berufen, die mittlerweile festgestellt hat, dass die Geschmackspapillen relativ gleichmäßig verteilt sind.[2] In der Wahrnehmungsempfindlichkeit variieren sie allerdings um den Faktor 10.000 (etwa jene für „bitter“).[3]

Forscher der Universitätsklinik Saarland[4] sind dem Ursprung der Vorstellung auf den Grund gegangen. Sie fanden eine graphische Darstellung zu Beginn des vergangenen Jahrhunderts, die durchaus noch richtig eine relativ gleichmäßige Verteilung abbildet.[5] Dann jedoch dürfte sich im Zuge der mangelhaften graphischen Vervielfältigungstechniken der Folgejahre die Darstellung immer mehr „ausgedünnt“ haben, bis zuletzt nur mehr die Schwerpunkte übrig blieben – also so etwa wie eines der ersten Pixel-Probleme (aus dem digitalen Zeitalter der Photographie mittlerweile bestens bekannt).

Viel mehr – aber das wird den erfahrenen Weinfreund nicht überraschen – beeinflusst der Geruchssinn die Geschmacksempfindung. Was jeder, der bereits einmal mit Schnupfen ein Haubenmenü enttäuscht runtergewürgt hat, wohl aus eigener Erfahrung bestätigen wird. Beim Wein ist es genauso. Viele Tierarten übrigens kennen gar keine Trennung zwischen Geschmacks- und Geruchswahrnehmung.

Die Unbestechlichen?

Auch Kritikergurus lassen sich durch externe und interne Verkostungsfaktoren in die Irre führen.

Die einen hängen gläubig an ihren Lippen, andere verzweifeln an mangelnder Nachvollziehbarkeit ihrer Aussagen, andere wiederum spotten – kalt lassen Weinkritiker jedenfalls niemanden, je berühmter, umso weniger. Aber, zur Entspannung aller Beteiligten, so zeigen Untersuchungen und Vergleiche immer wieder: Auch noch so um Objektivität bemühte und wegen ihres Geschmacksinns gerühmte Weinkritiker und -juroren sind Einflüssen und Umständen ausgesetzt, die ihre Unfehlbarkeit doch einigermaßen erschüttern können.

Walter Pamminger etwa nennt das unter wissenschaftlichen Aspekten „Instabilitäten der Weinerfahrung".[1] Sie basiert auf der Grundthese, dass es „offensichtlich nicht immer möglich ist, zu verschiedenen Zeiten respektive unter verschiedenen Umständen von ein und demselben Wein den gleichen Sinneseindruck zu haben". Angesichts der zum Teil zu beobachtenden „unreflektierten Präpotenz vorschneller Beurteilungen und Punktevergaben, die den Weinen und damit den Weinmachern widerfahren", bemüht sich Pamminger die Unwägbarkeiten aufzuzeigen und sowohl dem Publikum als auch dem Verkoster selbst vor Augen zu führen.

Opfer der eigenen Wahrnehmung

Pamminger kann sich durch verschiedene Studienergebnisse bestärkt fühlen. So stellte etwa eine von der französischen Weinakademie prämierte Studie des französischen Wissenschafters Frédéric Brochet[2] 2002 fest, dass 54 Verkoster bei der geschmacklichen Beschreibung eines Weißweines typische Rotwein-Assoziationen verwendeten, nur weil er ohne das Wissen der Probanden zuvor rot eingefärbt wurde, also lediglich in der Annahme, einen Rotwein vor sich zu haben.

In derselben Studie wurden den Versuchspersonen in einem Intervall von einer Woche der gleiche Wein (ein Bordeaux Superior) mit verschiedenen Etiketten vorgesetzt: einmal als Tafelwein und einmal als prestigeträchtiger Weißwein. Die Verkostungsbewertungen überraschten nicht: Der angebliche Tafelwein erhielt weit mehr negative Beschreibungen als der vorgebliche Qualitätswein. „Die Verkoster schienen wahrzunehmen, was sie erwarteten", resümiert die Studie. Psychologischer Hintergrund: Optische und visuelle Eindrücke werden vom Gehirn scheinbar vor geschmacklicher oder geruchlicher Information verarbeitet.[3]

Geringe Trefferquoten

Dass Weinbewertungen offenbar von vielen Faktoren abhängen, die gar nichts mit dem Wein zu tun haben, zeigt auch eine Studie der Hamburger Psychologin Christiane Raphael im Jahr 2002. Sie ließ 30 Laien und zehn Profis sechs komplett unterschiedliche Weine kredenzen und in gewohnten Worten beschreiben. Erstaunlich gering war allerdings die Trefferquote, so Raphael, als die Testpersonen eine Woche später die Weine den Beschreibungen wieder zuordnen sollten.[4]

Blinde Flecken

Ganz abgesehen von der offenbar durch Mutter Natur angelegten psychischen Schwäche der menschlichen Wahrnehmungsfähigkeit (was sich manchmal allerdings durchaus stark positiv auswirken kann...), gibt es noch eine Reihe anderer Faktoren, die den Job eines Weinkritikers einigermaßen erschweren.

So etwa haben viele Menschen auch physisch einen ausgeprägten blinden Fleck gegenüber gewissen Stoffen, eine so genannte Anosmie. Ist jemand zum Beispiel unempfindlich gegenüber Schwefel, wird er überschwefelte Weine nur schwer erkennen. Genauso gibt es Menschen, die korkende Weine nicht als korkend wahrnehmen. Sie erkennen wohl, dass die Sache nicht gut ist, aber könnten den Fehler nicht als Kork identifizieren. Manche nehmen Fehlgerüche, und seien sie in noch so geringer Konzentration, schon von weitem war. Denn auch Toleranzschwellen sind höchst unterschiedlich: Brettanomyces, eine Hefeformation, die den Pferdeschweißton verursacht, wird von einigen Menschen – aber nicht allen – in niedriger Konzentration sogar als Bereicherung eines Weines empfunden (was sich dann unter Umständen mit der Bewertung „animalische Note" niederschlägt).

Nicht nur Gähnen steckt an

So weit die internen menschlichen Faktoren, die eine Weinbeurteilung durchaus massiv beeinflussen können. Doch auch die externen geschmacklichen Fallgruben bei einer Verkostung sind durchaus tief und tückisch. Dazu zählen etwa Gerüche, die von außen kommen, wie Küchendüfte oder Parfums, genauso wie technische oder organisatorische Sachzwänge eines Verkostungsablaufes: So werden Geruch und Geschmack bereits durch das Öffnen und Offenstehenlassen einer Weinflasche verändert, da sich Aromastoffe verflüchtigen und der Sauerstoff auf die Flüssigkeit einwirkt. Ob jeder Wein eines Prüf-Panels daher am Optimum ist, wenn 20 Flaschen gleichzeitig geöffnet und dann nacheinander verkostet werden, steht auf einem anderen Blatt.

Ein anderer wichtiger Aspekt betrifft die momentane und generelle Befindlichkeit eines Verkosters. Menschen mit Verkühlungen oder sonstigen Krankheiten haben in Jurys nichts verloren, da ihre Wahrnehmung eindeutig eingeschränkt ist. Ganz abgesehen davon, dass auch Gespräche während der Verkostung sehr stark beeinflussen: „Jetzt, da du es sagst, riech ich die Brombeeren auch." Nicht nur Gähnen dürfte nämlich anstecken ...

Die Verkoster sind sich in der Regel dieser Problematiken durchaus bewusst – wenn auch manchmal das Image eines unfehlbaren Schmeckometers (siehe auch Kapitel „Objektive Schmeckometer?") allzu hoch gehalten wird. Bei der Ausbildung zu amtlichen Verkostern an der Fachschule Klosterneuburg, die in Österreich unter anderem bei den sensorischen Prüfungen zur Prüfnummer oder bei Landesweinbewertungen eingesetzt werden, wird dieses Thema jedenfalls sehr ausführlich abgehandelt. Nicht um Leute auszuschließen, sondern um bewusst zu machen, wo überall Schwachstellen liegen. Ist man sich nämlich dessen bewusst, kann die Sache einigermaßen ausgeglichen werden. „Test the tester" lautet daher das Motto bei vielen Weinjurys. Das heißt, es werden Mechanismen eingebaut, mit deren Hilfe man sich größtmöglicher Objektivität anzunähern hofft.

Gerne wird etwa in einer Weinjury mit Pegelweinen gearbeitet: Zu Beginn wird ein Wein ausgeschenkt, für den

sich alle Verkoster auf eine Punktezahl festlegen, von der ausgehend dann bewertet wird. Pegelweine werden auch mehrmals in die Verkostungsabfolge eingebaut, um zu sehen, ob sich gravierende Beurteilungsunterschiede ergeben. Kleine Abweichungen wären erklärbar, stark divergierende Wertungen von „untrinkbar" bis „grandios" erfordern Aufklärung.

Das können Sie glauben:

- Studien zeigen: Auch Profis lassen sich von externen Faktoren wie Farbe oder Etikett über den Geschmack täuschen.
- Eine völlig unbeeinflusste Verkostung ist unmöglich. Eine Annäherung an Objektivität wird durch große Panels oder eine große Gruppe zu verkostender Weine möglich. Vertrauen Sie Verkostungen, deren Bewertungskriterien offen dargelegt werden.
- Folgen Sie Kritikergurus, wenn Sie möchten, aber: Trifft er auch Ihren Geschmack?

Methusalix, und sonst nix?

Wein verändert sich zwar mit dem Alter, aber nur im allerseltensten Fall zu seinem Vorteil.

Seien wir ehrlich – nichts geht über die vielen bedeutungsschwangeren Filmsequenzen, in der sich der Hauspatron aus dem hintersten Kellerwinkel eine uralte Flasche angelt, den Staub wegbläst und dann so ehrfürchtig erschauert, dass noch die Gläser im TV-Wohnzimmerverbau leise zu klirren beginnen. Allerdings: Heutzutage erschauern Fachleute eher bei dem Gedanken, manchen Wein-Methusalem auch wirklich trinken zu müssen.

Denn, so Stefan Pagacs, Weinhändler, Altwein-Spezialist und Vortragender an der Weinakademie in Rust, Weine werden heute generell „trinkreifer" hergestellt, sodass sie eine lange Flaschenlagerung weder benötigen noch vertragen – Ausnahmen einmal beiseite gelassen. Sie werden im Gegenteil eher so angelegt, dass sie möglichst rasch nach dem Erscheinen auf dem Markt genossen werden können.

Nur zehn Prozent lagerfähig

Der Grund dafür liege zum Beispiel an den sehr viel jüngeren Weingärten, aus denen heute im Gegensatz zur Zeit vor den 1960er Jahren Trauben auch für große Weine kommen: „Und mit Trauben von einem fünf- oder zehnjährigen Stock kann man keine Weine mit Lagerpotenzial machen." Der Prozentsatz aller aktuell erzeugten Weine dieser Welt, die eine Lagerung auch unter optimalen Bedingungen überhaupt verkraften, beziffert er mit „höchstens zehn Prozent", jene, die von einer Lagerung über fünf Jahre hinaus auch noch profitieren, „ mit nicht mehr als drei Prozent".

Die Alterung von Wein ist ein hoch komplexes Thema, das von der Wissenschaft noch lange nicht zur Gänze ergründet ist. Es spielen hier physikalische und chemische Prozesse wie die Polymerisation (Molekülverbindung) von Tanninen (Gerbstoffe) und Anthocyanen (Farbstoffe), die Veresterung von Alkoholen sowie die Oxidation und Hydrolyse, die im Laufe der Zeit in der Flasche stattfinden, eine Rolle; das wiederum, hängt davon ab, welchen pH-Wert, wie viel Tannin, welches und wie viel Extrakt und Alkohol er besitzt und wie es um seinen Schwefelgehalt bestellt ist.[1]

Keine Preisfrage

Daher kommen für eine Reifung in der Flasche schon einmal nur wenige Weine in Frage, wobei Preis und Qualität einer Flasche nicht unbedingt einen Einfluss auf das Alterungsvermögen besitzen. Schon viel eher geht es um Rebsorten, da etwa vor allem Weine der Rebsorten Merlot oder Pinot Noir über weniger Tannin als etwa Cabernet Sauvignon oder Nebbiolo verfügen und somit – generell gesprochen – weniger lange halten.

Ebenfalls entscheidend: Flaschengröße – in kleinen Flaschen reift Wein sehr viel schneller als in der Magnum oder größeren Formaten –, Zustand des Korkes und natürlich die Umstände der Lagerung. So zahlt es sich eher nicht aus, einen großen, langlebigen Rotwein im zentralbeheizten Wohnzimmer zu lagern oder seinem Höhepunkt am südseitigen Küchenfensterbrett entgegenzufiebern, nur kühle, dunkle, ruhige Räume mit hoher Luftfeuchtigkeit sind für die mehrjährige Lagerung von Wein geeignet.[2]

Für frühere Trinkreife sorgt auch der Umstand, dass – beim Rotwein – die Maischestandzeit, während der Tannine und Farbe ausgelaugt werden, sehr viel kürzer anberaumt wird als früher: Im Piemont, für die enorm langlebigen Barolo- und Barbaresco-Weine berühmt und berüchtigt, wurde diese Prozedur von mehreren Wochen auf bis zu sieben Tage reduziert. Das bringt ein Plus an junger Frucht, allerdings einen eklatanten Mangel an Tannin-Struktur – ausschlaggebend für einen großen Wein. In der modernen Önologie kompensiert man das wiederum durch den Einsatz von Barriquefässern. Die strengen, langlebigen und sehr langsam „weich" werdenden Wein-Tannine werden so durch softere Holz-Tannine ersetzt und die Fruchtigkeit des Weins wird durch stärkeres Rösten der Fass-Innenseiten noch unterstrichen, erklärt Experte Pagacs. Und Wein-Lexikon-Autorin Jancis Robinson, Master of Wine und immerhin Britin, denen sie selbst ja ein Faible für gereiftere Weine zuschreibt, sagt: „Ich mag es, wenn der Wein etwas von der Fruchtigkeit seiner Jugend zeigt und die primären Aromen mehr als nur blasse Erinnerung sind. Und eine Flasche zu spät zu öffnen ist für mich die größere Vergeudung als zu früh."[3] Die Bibel wusste das schon vor 2000 Jahren – schließlich wird in ihr schon der Vorwurf formuliert, nicht alten Wein in neue Schläuche zu füllen, also ein minderwertiges Produkt (!) frisch anzupreisen.

Das können Sie glauben:

- Ein hoher Flaschenpreis sagt nichts über die Lagerfähigkeit aus.
- Wenn schon lagern – dann maximal ein bis zwei Jahre. Nur wer sich gut auskennt, kann längere Zeiten riskieren.
- Lagerfähig sind eher Sorten wie Cabernet Sauvignon oder Nebbiolo, weniger Merlot, Pinot Noir und eher große als kleine Flaschen.

Wie die wirtschaftlichen Mechanismen im Weinbusiness funktionieren

Grundsätzlich stimmt es schon: Es gehört ein gehöriges Maß an Idealismus dazu, mit Weinbau seinen Lebensunterhalt zu verdienen. Aber im Grunde stimmt es auch nicht. Denn wer unter dem globalen Marktdruck versucht, als Einzelgänger und mit Handarbeit den großen Weinbaukonzernen dieser Welt Widerstand zu leisten, hätte in jeder Branche einen schwierigen Stand, nicht nur als Weinhauer. Ein Grundfehler, den viele machen: Sie übersehen, dass Wein im Endeffekt ein Wirtschaftsprodukt ist wie viele andere auch. Und als solches den normalen wirtschaftlichen Spielregeln unterliegt (wenn auch ähnlich irrational wie manchmal in der Kunst). Das bietet Vorteile – so lässt sich mit den wirtschaftlichen Spielregeln rund um Marketing und Werbung viel erreichen. Das Weinwunder Österreich gehört nicht zu einem geringen Anteil dazu. Das bringt aber auch Nachteile – denn was den Preis bestimmt, richtet sich nicht nur nach der Qualität des Produkts, sondern nach ganz externen Faktoren.

Dieses Kapitel zeigt auf, dass die wirtschaftlichen Spielregeln etwa dafür verantwortlich sind, dass Fachgeschäfte wie Vinotheken besonders stark unter wirtschaftlichem Druck leiden, der diametral entgegengesetzt zum Qualitäts- und Preisanspruch wirkt. Sie sorgen auch dafür, dass ein guter Wein durchaus schon zu Supermarktpreisen zu bekommen ist – und umgekehrt manche Produkte hoffnungslos überbewertet verkauft werden. Und sie führen dazu, dass Winzer sich immer mehr zu Gemeinschaften zusammenschließen und die Strukturen im Weinbusiness zumindest für österreichische Verhältnisse immer größer werden. Das ist per se nicht schlecht. Denn auch diese wirtschaftliche Spielregel gilt: Je größer einzelne Marktteilnehmer werden (Genossenschaften usw.), umso mehr Lücken öffnen sich für Nischenanbieter, an deren Qualitätsprodukten Weinliebhaber ihre Freude haben. Auch das ist Wirtschaft.

Francisco de Goya y Lucientes: Stilleben mit Früchten, Flaschen, Broten, um 1778

Captain Kork im Wein-All?

Bitter für die Korkindustrie: Wein reift auch ohne Luftaustausch durch den traditionellen Flaschenverschluss.

Rituale werden nicht leicht geändert. Ein richtiges „Plopp" gehört seit Menschengedenken an den Beginn eines sich anbahnenden sinnlichen Rendezvous zwischen Gaumen und Rebensaft, das nicht selten von einem Rendezvous beteiligter Personen begleitet wird – oder umgekehrt. Ernstzunehmende Designer befassten sich mit der Gestaltung eines richtigen Werkzeuges, um den traditionellen Korken aus der Flaschenöffnung stilvoll wieder herauszubekommen. Und überhaupt: Kork lässt den Wein, im Speziellen Rotwein, atmen, was für dessen Entwicklung unbedingt notwendig ist. Daher der von vielen – vor allem der Korkindustrie – gerne verbreitete Mythos, Kork sei der einzig wahre Verschluss für Wein.

Kork gilt seit der Erfindung der Flasche als idealer Verschluss: ein leichtes Naturprodukt, biologisch in jeder Hinsicht unbedenklich, weil nachwachsend und abbaubar, wasserundurchlässig, sehr elastisch und dadurch höchst anpassungsfähig im Flaschenhals und leicht wieder entfernbar. Wenn da der blöde Korkgeschmack nicht wäre ...

Ein Teil der Weingemeinschaft sucht allerdings seit einigen Jahren nach

Alternativen, um die zunehmend lästiger und teurer werdenden Nebenwirkungen der klassischen Korkverschlüsse beim Wein zu vermeiden. Korkgeschmack-Schätzungen variieren allerdings von unter einem Prozent (Korkhersteller), über vier bis sechs Prozent (Reh-Kendermann, einer der größten deutschen Weinproduzenten), bis zu 30 Prozent – basierend auf den Verkostungserfahrungen von Weinjournalisten und/oder Wettbewerbsorganisatoren.[1] Das Problem: Während man bei Weißwein auf eine lange und durchaus positive Erfahrung mit Schraubverschlüssen[2] zurückblickt, wusste man über die Rolle dieses „Atmens" bei der Rotweinlagerung so gut wie nichts.

Eine im Februar 2005 vom Australian Closure Fund veröffentlichte Studie[3]

lässt nun belegbare Schlüsse darüber zu, was bei der Lagerung von Rotwein passiert. Danach ist die Durchlässigkeit von Kork mitnichten ausschlaggebend für die Entwicklung eines Weines. Rotwein reift und entwickelt sich mit oder ohne Sauerstoffeintrag, so das Ergebnis.

Ein plausibles Indiz für die Richtigkeit der Studienergebnisse lieferte Jeffrey Grosset, australischer Weinproduzent und unermüdlicher Pro-Schraubverschluss-Agitator, in einer Rede vor der Weinpresse von New South Wales[4]: Auch bei jenen Weinen, die nach Schiffsuntergängen am Meeresgrund lagerten, zum Beispiel Portwein oder frühere Bordeaux-Weine, die traditionellerweise mit Wachs versiegelt wurden, sei kein Luftaustausch möglich gewesen – aber der Reifeprozess habe dennoch stattgefunden.

Zwischen der – erwünschten – Reife in der Flasche, im Englischen treffend und bündig mit „ageing“ bezeichnet, und der – unerwünschten – Oxidation, zu viel Sauerstoff von außen, die einem Wein sehr zusetzen kann, gibt es vom Ablauf her fundamentale Unterschiede. Diese wurden auch von Emile Peynaud[5], einem der bekanntesten Önologen in Bordeaux, in seinem bereits 1982 erschienenen Buch „Connaissance et Travail du Vin“ beschrieben und von Pascal Ribéreau-Gayon[6] im „Handbook of Enology, Vol. 2.“ im Jahr 2000 bestätigt. Ihrer Meinung nach sei das, was sich bei der Entwicklung in der Flasche abspiele, das Gegenteil von Oxidation, nämlich ein reduktiver Vorgang ohne Sauerstoffzufuhr, eine Art Erstickungsprozess. Diese Reaktionen würden keinen Sauerstoff brauchen.

Die Ergebnisse der Studie, die von den Verpackungsfirmen Auscap und ACI sowie vom Presseclub New South Wales finanziell unterstützt wurde, bedeuten jedenfalls einen harten Schlag für die Korkindustrie. Mehr als 50 der jährlichen Korkproduktion weltweit kommt aus Portugal, gefolgt von Spanien mit etwa einem Viertel. Der Rest verteilt sich auf verschiedene ans Mittelmeer grenzende Länder.[7]

Der Luftaustausch war das zwingendste Argument der Korkindustrie, die die Entwicklung in Richtung Alternativverschlüsse lange Zeit ignorierte und sich lieber auf Tradition, Önologen und „Naturprodukt“-Argumente verließ.[8]

▸ Zeit der Veränderung

In Österreich sind speziell 2005 viele Winzer – darunter viele namhafte wie Sattlerhof oder Josef Umathum auf Schrauber oder die seit einigen Jahren propagierten Glasverschlüsse umgestiegen. Schraubverschlüsse werden, obwohl technisch völlig ausgereift und an Weißweinen seit 30 Jahren getestet, von Weintrinkern aller Länder wegen seines fragwürdigen Billigimages wenig akzeptiert. Ein Imagewechsel könnte vielleicht dadurch möglich werden, dass Sommeliers und Weinproduzenten, die vor allem die einfacheren Qualitäten mit Schraubverschlüssen versehen, es verstärkt wagen würden, Zweifler auf die Folgen für die Weinqualität hinzuweisen. Möchte man guten Wein trinken, wie ihn der Winzer gemacht hat, oder hört man es lieber ploppen?

Wegbereiter dieser Entwicklung sind Produzenten wie Johannes Hirsch aus Kammern, der alle seine Weine seit dem Jahrgang 2002 verschraubt, das Weingut Stadt Krems oder das Weingut Prühm in Deutschland, der alle Weine mit Glasstoppeln verschließt. Die Winzer der Traditionsweingüter Winkler-Hermaden, Sattler, Minkowitsch, Stadt Krems, Summerer oder Jurtschitsch wiederum setzen auch auf Glasverschlüsse.[9]

Nicht bewährt haben sich laut Aussagen der Mehrheit der Winzer Kunststoffkorken, die Weine, die nicht tatsächlich jung getrunken werden, oxidieren lassen. Schraubverschluss – Imageprobleme, Kunststoff-Stopfen – nur für Jungweine, Glasverschluss – noch zu beobachten, so lautet weniger das Qualitäts-, als das betriebswirtschaftliche Fazit von Walter Kaltzin, dem Redaktionsleiters der Fachzeitschrift „Der Winzer“: „Für Traditionalisten gilt: Man muss mit den hoffentlich weniger werdenden Korkproblemen leben. Wer umsteigt, hat womöglich noch größere.“[10]

Das können Sie glauben:

- Wein atmet nicht durch den Kork und muss es auch nicht.
- Alternative Flaschenverschlüsse wie Schrauber oder Glasstoppel sind keineswegs billiger als Kork, ein diesbezügliches Qualitätsmanko ist dabei also nicht zu befürchten.
- No risk, no fun: Es gibt immer öfter Gelegenheiten bei Verkostungen oder auf einzelnen Weingütern verschieden verschlossene Weine nebeneinander zu probieren. Danach können Sie sich immer noch für den Kork entscheiden.
- Wagen Sie einen Selbstversuch: Verschraubte Weine sind in vielerlei Hinsicht praktisch: keine Umbauten im Kühlschrank – man kann eine halbvolle Flasche sogar auf den Kopf stellen. Und erst das Aroma ...
- Hüten Sie sich vor Fanatikern: Wer sagt, dass eine gute Flasche ausschließlich verkorkt sein darf?
- Mit Kork verschlossene Flaschen, die längere Zeit gelagert werden sollen, benötigen unbedingt ideale Lagerverhältnisse, also dunkle, feuchte Räume mit gleichmäßig niedriger Temperatur.

Verträumte Einzelgänger?

Das Weinbusiness bestimmen auch in Österreich Großbetriebe mit mehreren Millionen Flaschen jährlich.

Agrarische Vermarktungsinstanzen haben einen Hang zur Romantik. Da legt der Bauer seine schwielige Hand zum Schwur auf die Sense, zermalmt eine glückliche Kuh auf der Alm einen Halm oder schneidet ein Winzer im Abendrot mit der Handschere einzelne Trauben in einen Weidenkorb. Ganz klar: Das vermittelte Bild trifft verkaufsfördernd die Erwartungshaltung einer der Landwirtschaft weitgehend entwöhnten Konsumentenschicht. Aber mit der Wirklichkeit hat das nichts zu tun: Auch Winzer sind – ebenso wie alle anderen – knallharten Martkmechanismen unterworfen.

Und wer bisher dachte, dies sei nur international so, wie es uns etwa Jonathan Nossiters kritischer Film „Mondovino", der im Frühjahr 2005 in die Kinos kam und einen der größten und berühmtesten Weinhersteller der Welt, Mondavi (mittlerweile vom US-Getränkeriesen Constellation Brands übernommen), sowie die Macht von Kritikergurus beschreibt[1], glauben macht, der täuscht sich. Auch in Österreich gehen die Uhren anders: Immer weniger Winzer machen den Wein selber – sondern liefern Trauben oder Fasswein an Genossenschaften, Vermarktungsgesellschaften oder einfach nur andere Markenwinzer. Und die verkaufen den Wein dann in deutlich größerem Stil.

Preisdiktat der Großbetriebe

Die Winzer binden sich dabei in unterschiedlichen Stärken an ihren Vermarktungspartner. Das kann so weit gehen, dass der Abnehmer Sortenwahl, Lesezeitpunkt und Spritzplan vorgibt. Geliefert werden entweder Trauben –

oder Fasswein. In Europa allerdings ist ein Überangebot an Wein vorhanden: Jährlich wird die dreifache Menge der gesamten Weinernte Österreichs zwangsdestilliert, die Interessenvertretungen sprachen Anfang 2005 bereits von einer „krisenhaften“ Situation.[2] Und so sitzen die Abnehmer von Massenwein(trauben) am längeren Ast: Sie können den Preis weitgehend diktieren.

Beispiel etwa Lenz Moser, eine Aktiengesellschaft. Der größte österreichische Weinproduzent beliefert (u. a.) die Supermarktkette Hofer, produziert jährlich einen Ausstoß von 16 Millionen Flaschen, hat mehr als 3000 Weinbauern unter Vertrag und bestimmt indirekt und direkt über 2000 Hektar Anbaufläche. Der zweitgrößte Anbieter ist nach Branchenschätzungen – genaue Zahlen gibt es nicht – das Weingut Wegenstein (im Eigentum der Supermarktkette Rewe Austria) mit 13 Millionen Flaschen jährlich. Sie übernehmen nicht nur Trauben, sondern auch fertigen Fasswein.

Am Wein-Strich

Dabei sind jene Winzer, die sich mit Flächenverträgen an große Verwertungsgesellschaften gebunden haben, noch gut dran. Oder, wie es Klaus Klein, der Geschäftsführer des Weingutes Schloss Fels (im Eigentum der Spar-Lebensmittelkette) formuliert: „Die müssen wenigstens nicht auf den Wein-Strich gehen.“ Denn die vielen Nebenerwerbswinzer, die sich keiner Vermarktungs- oder Verkaufsgemeinschaft angeschlossen haben und nicht auf fixe Abnahmeverträge zurückgreifen können, müssen ihre Trauben bzw. ihren Fasswein um den gerade aktuellen Marktpreis verkaufen. Und der ist – ganz wie an der Börse (inklusive der „Sensale“ – also spezielle Kontraktvermittler) tagesaktuell je nach Angebot und Nachfrage deutlichen Preisschwankungen unterworfen.

Selbst schuld?

„Solange Österreich Rotweine mit Erträgen von 15.000 bis 20.000 kg/ha erzeugt, darf man sich über einen Weinüberschuss und das daraus resultierende Preisniveau nicht wundern“, befand erst kürzlich der Chef der Weinmarketinggesellschaft Michael Thurner.[3] Nun ja nicht ganz: Gerade beim Rotwein dürfte auch die offizielle Weinbau-Politik nicht ganz unschuldig am Dilemma sein: So wurden Flächen mit speziellen EU-Förderungen umgestellt, ohne dass der Rotweinkonsum in Österreich nennenswert gewachsen wäre. Anstatt die ausländischen Importe durch Eigenbau zu ersetzen, wie es von den offiziellen Standesvertretern angesichts der Vorliebe der Österreicher für Rotwein ganz laut angedacht und von den Winzern gutgläubig übernommen wurde, haben Österreichs Winzer nun mit einem Preisverfall wegen der Importware zu kämpfen, befand etwa das Wirtschaftsmagazin trend vor einem Jahr: „Rot bis in den Tod.“[4]

Marktchance vertan

Pech auch für die Winzer, zieht etwa Klaus Klein, Geschäftsführer des Weingutes Schloss Fels kritische Bilanz: „Aufgrund der ungünstigen Betriebsstruktur, die sich wegen der traditionell bedeutenden Stellung des Weinbaues und auch verfehlter Förderungspolitik zu spät, zu langsam und wenig zielorientiert verändert, haben sich auch keine klaren Vermarktungsstrategien entwickelt und sind auch in den meisten Weinbauregionen die Verwertungsgenossenschaften wenig erfolgreich." Die Folge: Die Supermarktketten in Österreich haben sich in den vergangenen Jahren selbst organisiert. Sowohl Spar als auch Rewe-Austria (Billa, Merkur, Mondo) mit Wegenstein besitzen mittlerweile eigene Weinproduzenten und haben damit die wichtigsten Absatzmärkte – den Supermarktbereich – fest in der Hand. Das Marktforschungsinstitut GfK stellte fest, dass über den gesamten Weinverkauf (ohne Gastronomie) gerechnet, der Ab-Hof-Anteil (etwa im ersten Halbjahr 2004) nur mehr bei 26 Prozent lag, zwei Jahre zuvor waren es noch 36 Prozent. 74 Prozent der in Österreich verkauften Menge Wein gehen mittlerweile dagegen bei Billa, Spar & Co (plus Fachhandel und sonstige) über die Scannerkassa.

Die besten Chancen haben – mit Ausnahme jener Direktvermarkter, die einen eigenen Heurigenschank betreiben – naturgemäß Spitzenweinproduzenten. Doch auch da dürfte der große Boom im Abflauen sein. Selbst Starwinzer haben Schwierigkeiten, die Menge an Wein am Markt unterzubringen. Auch sie versuchen sich immer mehr als Weinhändler und kaufen im großen Stil Trauben und Wein von Kollegen zu. Und sind dann gezwungen, Überschüsse zu Billigstpreisen an Großabnehmer abzugeben, bestätigt Geschäftsführer Klein: „Ich habe noch nie so viele Anfragen bekommen wie heuer."

Allerdings: Das ist kein Österreich alleine betreffendes Phänomen: So hatte das amerikanische Fachblatt Wine Spectator ausgerechnet, dass der Wert von Spitzenweinen von 1983 bis 2002 um 2012 Prozent stieg – der Aktienindex Dow Jones stieg im gleichen Zeitraum lediglich um 770 Prozent. Nun ist der Markt für Spitzenweine aus Frankreich und Italien, der über Jahre hinweg von Spekulanten preislich nach oben getrieben wurde, schlicht zusammengebrochen.[5]

Das können Sie glauben:

- Geben Sie sich nicht allzu romantischen Vorstellungen hin: Nicht jeder Winzer füllt seine Erzeugnisse auch selbst ab. Nicht jeder Winzer macht auch Wein. Als Wirtschaftsunternehmen, das Umsätze und Gewinne machen muss und nebenbei auch noch der Globalisierung unterworfen ist, überlassen viele Winzer Vinifizierung und Vermarktung zunehmend Großbetrieben.

- Fallen Sie im Lebensmittelhandel nicht auf die scheinbar große Auswahl zu günstigen Preisen rein: Hier dominieren Großerzeuger im Eigenbesitz der Handelsketten, die Tausende Winzer unter Vertrag haben. Einzelne bekannte Markenweine werden in geringeren Mengen als Zugpferde gelistet.

- Wer authentischen Wein sucht, dem bleibt eine Tour durch die Weinkeller jener Winzer, die auch selbst Flaschen abfüllen, nicht erspart.

Selection-Edition aus dem Chateaux?

Weinetiketten sind voll hohler Begriffe, die über Qualität nichts aussagen.

Die jahrzehntelange Marketingpraxis hat ganze Arbeit geleistet. Sobald irgendwo „Selection" draufsteht, schmelzen wir Durchschnittsweintrinker dahin in der Annahme, es müsse wohl ein besonders edles Tröpferl sein, das da in den hintersten Kellerräumen aufgehoben wurde. Allerdings: Vergessen Sie die vielen Begriffe einfach. Denn von mehr als vom Erfindungsreichtum des Abfüllers zeugen sie nicht. Stuart Pigott, deutscher Querdenker unter den Weinkritikern, erklärt dieses Phänomen so: „Manchmal liegt der Grund dafür in der Tradition, manchmal spielen auch das Marketing oder die Eitelkeiten von Produzenten eine Rolle."[1]

Laut Weingesetz nämlich kann „Selection" etwa durchaus ein Landwein (vorletzte Qualitätsstufe) sein, der – im Gesetz vornehm formuliert – beste erkennbare Eigenschaften hinsichtlich seiner sortentypischen Eigenart und Herkunft aufweist. Weniger vornehm: Der nach der Sorte schmeckt, die außen angegeben ist. Mehr nicht. Ist es ein Qualitätswein, muss noch dazu irgendein (beliebiges) Auswahlkriterium am Ettiket erklärt werden.[2] Pigott selbst etwa entlarvt erbarmungslos Bezeichnungen wie etwa „Castello" oder „Chateaux" als nichtssagende Kunstbezeichnungen. Seine Grundkritik: Viel wichtiger für die Kaufentscheidung sollten Informationen über den jeweiligen Produzenten sein. Unbedarfte Gemüter sind beeindruckt, etwa eine Flasche Bordeaux Mouton Cadet 1994, Château Noble Maynard 1998, Bordeaux Baron Rothschild (Lavitel) 1995 in ihrem Keller vorzufinden – allerdings: Es handelt sich um Markenweine ohne besonderen Wert.[3]

Begriffe wie „exklusiv", „Selection", „Tradition" oder „Classic" suggerieren Qualität, „alte Reben" hohes Alter der Rebstöcke, was im Normalfall interessante, weil sehr dichte Weine ergibt. „Alte Reben" kann in Österreich aber auch auf dem Etikett einer Jungfernernte prangen, wenn der Winzer gerade lustig drauf war.

Der wahre Kern hinter diesen sehr strapazierten Worten: Es gibt durchaus Begriffe, die per Weingesetz der jeweiligen Länder oder über die Herkunftsdefinitionen der einzelnen Regionen genau definiert sind. Eine „Reserva" in Spanien bedeutet, dass dieser Wein mindestens drei Jahre lang reifen muss – mindestens ein Jahr davon im Fass –, bevor er zum Verkauf freigegeben wird. In Österreich reichen für diese „Auszeichnung" („Reserve") vier Monate. Was früher verkauft wird (und mehr sagt das nicht), heißt „Primus", „Erster", oder „Junker".

Auch wer etwa in Österreich bei dem Begriff „Qualitätswein" vor Ehrfurcht erschauert, darf sich gleich wieder entspannen. Der Begriff ist eine gesetzliche Definition, unter die beinahe die gesamte Erntemenge des Landes fällt. Zur Illustration: Von den 2,529 Millionen Hektolitern der im Jahr 2003 geernteten Trauben fallen nur rund 300.000 (das sind gerade zwölf Prozent) **nicht** unter den Begriff „Qualitätswein". Was dem Begriff für die restlichen 88 Prozent doch ein wenig von seiner – vielleicht von unbedarften Weinkäufern vermuteten – Exklusivität nimmt. Mit anderen Worten: Etwas anderes als „Qualitätswein" wird in Österreich gar nicht gelesen, rund die Hälfte davon gelangt unter dieser Bezeichnung in den Verkauf.

„Qualitätswein" auf österreichischen Etiketten bedeutet, dass der Wein bei der Lese mindestens 15° KMW hatte, im Gegensatz zu Tafel- oder Landwein, die eine niedrigere Zuckergradation haben. Qualitätswein erhält eine so genannte Prüfnummer, die nach einer analytischen und sensorischen Prüfung vergeben wird. Dabei wird die „Verkehrsfähigkeit unter einer bestimmten Bezeichnung" festgestellt: Das heißt, der Wein sollte frei von Weinfehlern sein. Aber: Erstens können auch amtliche Verkoster irren (siehe auch Kapitel „Die Unbestechlichen?"). Zweitens kann auch einfacher Wein fehlerfrei sein und hat daher das Recht, als „Qualitätswein" mit Prüfnummer in den Handel zu kommen. Das bedeutet nicht, dass derjenige, der ihn trinkt, degustatorische Höhenflüge durchleben wird.

Wer sich also innerhalb eines Weinbaubetriebes informiert und das interne

Bezeichnungssystem für Qualitätsabstufungen kennen lernt, kann sich anhand dieser Begriffe durchaus ein Bild über die zu erwartende Qualitätsstufe eines Produzenten oder einer Region machen. Doch das setzt einiges an Information voraus – und taugt nicht zum Qualitätsvergleich mit anderen Weingütern.
Mehr mit Augenzwinkern als mit Marketingabsichten dürften hingegen jene Winzer unterwegs sein, die kreative Phantasiebezeichnungen für ihre Weine finden. Sie stellen allerdings auch in der (Wein)sprache und ihren Assoziationen geeichte Kenner manchmal auf harte Proben. Als etwa die Zeitschrift „A la Carte" Rotweine ohne Sortenbezeichnungen verkosten wollte, bekam sie auch begrifflich entsprechend herausfordernde Einsendungen. „Potio Magica" erinnerte Verkoster Michael Pronay[4] dann fatal an Asterix, bei „Bokawina" fiel ihm das ehemalige Kronland Bukowina ein, bei „Cuvée Canis" (Hunde-Cuvée) war der assoziative Brückenschlag zum Winzer Hundsdorfer nicht weit. Nur bei „La Vie Grand Cru" oder „Heulichin", „Höll & Kragen" und „Kranawitzl" versagten bei ihm Phantasie und Verständnis.

Das können Sie glauben:[5]

- Gesicherte Auskunft sollte ein Österreichisches Weinetikett grundsätzlich über die Weinqualität geben: Finden sich Rebsorte, Jahrgang, Erzeugernamen, eine enge Herkunftsbezeichnung (etwa Neusiedlersee, Kremstal usw., so genannte Weinbaugebiete), Alkoholgradation, Füllmenge, Süßigkeitsbezeichnung und staatliche Prüfnummer im Sichtbereich, handelt es sich in der Regel um so genannten **Qualitätswein**, die oberste Stufe von drei Qualitätsstufen. Sie betrifft etwa die Hälfte der Flaschenweine Österreichs. Bei bestimmten Ausbauqualitäten kann, als weitere Steigerung, eine der so genannten **Prädikatsstufen** (Spätlese usw.) vermerkt sein.

- Die Qualitätsstufen darunter, zum Beispiel **Landwein**, erkennen Sie vor allem daran, dass es deutlich draufsteht. Zudem fehlt die staatliche Prüfnummer, die Herkunftsbezeichnungen sind sehr großräumig (Weinland, Bergland, eine so genannte Weinbauregion). Die unterste Stufe, der **Tafelwein**, darf weder Jahrgang noch Sortenbezeichnung auflisten, außer „Österreich" keine Herkunftsangabe haben und keine Prüfnummer führen.

- Über die Qualitätskennzeichnung hinaus gibt es eine Reihe von (so genannten vorgeschriebenen) technischen Begriffen: Ganz neu etwa ist der Hinweis auf enthaltene Sulfite und Schwefeldioxid, seit kurzem auch ein innerbetriebliches Rückverfolgbarkeitssystem, Zertifizierungskennzeichen (IFS-Standard, HACCP-Konzept), um Gefahrenquellen (chemische, biologische Rückstände) ausschließen zu können.

- Sonst gilt die EU-Regel: Alle Bezeichnungen sind erlaubt, solange sie nachweisbar sind („Jahrhundertwein" etwa ist es nicht) und nicht irreführend (wie zum Beispiel „Gesundheitswein").

In Vinothek nur veritas?

Marktmechanismen sorgen auch im Fachhandel für schwankende Qualität.

Sie sind die Tempel, Pilgerstätten für Bekenner. Orientierungspunkt in einer immer unübersichtlicheren Weinwelt: die Vinotheken. Fachgeschäfte, in denen die Flaschen nicht hinter dem Verkaufspult, sondern in den Regalen stehen. Zumindest waren sie es.

Denn nach dem Höhepunkt des Weinbooms in den 1990er Jahren, als Vinotheken sich vermehrten wie Botrytis nach zwei Wochen Dauerregen, hat mittlerweile eine trockenere Periode eingesetzt: Und da zeigt sich, dass die Gesetze des wirtschaftlichen Handels gerade den Fachhandel zunehmend zu kostensparenden Praktiken zwingen – Qualitätsschwankungen inklusive.

Gerät das einzige Produkt – Wein – unter Kostendruck, geraten Fachgeschäfte in die Zwickmühle. Denn die anderen Kosten bleiben gleich – Lokalmiete, Weinlager, Personalkosten. Die Erlöse, die sich an den Marktpreisen für Wein orientieren, sinken. Und mehr Kunden, die das ausgleichen könnten, werden es auch nicht, zumindest in Österreich; eher weniger, stellte das Handelsforschungsunternehmen GfK im Auftrag der Weinmarketinggesellschaft ÖWM fest.[1] Der Anteil jener Kunden, die Wein im Getränkefachhandel kaufen, lag 2003 bei acht Prozent (2000 waren es noch zehn Prozent).

Kein Wunder, wenn selbst Österreichs größter Vinothekar, Heinz Kammerer von Wein & Co, sehnsüchtig von einer „endgültigen Demokratisierung des Weinkonsums“ spricht und mit – für seine Verhältnisse – Dumpingpreisen von unter vier Euro Markenweine anbietet.[2]

„Zunehmend etwa können auch Vinotheken ihren Kunden nicht mehr alle Produkte verkostet anbieten – auch im Fachhandel wird auf Verdacht und Vertrauen bei Winzern eingekauft“, skizziert Nora Voithofer, Betreiberin des Wiener Internetversandhandels www.preisleistungswein.com, das Dilemma. Auch andere typische Merkmale eines Fachhändlers können sich diese zunehmend

weniger leisten: Dazu zählt etwa ein großes Lager. Und wenn doch, dann sorgt eine geringe Laufkundschaft dafür, dass sich das Lager lange nicht so schnell dreht wie im Supermarkt. Flaschen bleiben liegen – und dass das der Qualität nicht immer zuträglich sein kann, ist bekannt.

Das hat weitere Folgen: Langsame Drehung des Weinlagers bedingt gebundenes Kapital für den Betrieb, das heißt, der Vinothekenbetreiber investiert viel in ein Weinlager und bekommt nur langsam Einnahmen dafür. Das verteuert die einzelnen Flaschen – Preisaufschläge von 100 Prozent und mehr sind durchaus üblich, gestehen Fachhändler aber nur ungerne zu.[3]

Was deren Dilemma verstärkt: Denn Kunden werden zunehmend mobil und derartige Preisunterschiede zu den Ab-Hof-Verkaufspreisen bei Winzern motivieren viele Weinliebhaber, gleich selbst den Weg zum Produzenten anzutreten und den Fachhandel links liegen zu lassen. Senkt der Vinothekar allerdings seine Aufschläge – oder verzichtet teilweise ganz darauf, wie es etwa Marktführer Wein & Co angekündigt hat –, wird er sich schwer tun, weiter seine zusätzlichen Dienstleistungen für die Kunden zu finanzieren, gerät damit aber sofort in Konkurrenz zu den Supermärkten. Und die haben weit wettbewerbsfähigere Kostenstrukturen.

Ein Ausweg wäre eine Spezialisierung, kompetente Beratung und Bedienung des Hochpreissegments – aber nur für wenige erstklassige Standorte. Ein zweiter Ausweg wäre das Internet – hier fallen viele Kostenfaktoren weg. Aber zunehmend machen sich Winzer daran, diesen Vertriebsweg selbst in die Hand zu nehmen. Wenn auch etwas unbeholfen, wie etwa die Konsumentenschutzorganisation ARGE Daten 2002 in einer Untersuchung feststellte: „Die Shop-Qualität hinkt der Wein-Qualität weit hinterher."[4]

Die Winzer müssen verrückt sein?

Spitzenpreise für Weine spiegeln mehr die Bereitschaft der Käufer als die Unverschämtheit der Erzeuger wider.

Die Preise, die für manche Kreszenzen zu berappen sind, schlagen sich bei so manchem Weinfan aufs Gemüt. Beliebtes Diskussionsthema, vor allem in wirtschaftlich angespannten Zeiten: Wie um alles in der Welt ist es möglich, dass eine Flasche sieben Euro kostet und eine andere 70 und in beiden doch bloß Wein drinnen ist? Beschuldigt wird der Winzer, den man dann bezichtigt Palazzo, Latifundien und ausufernden Maschinenpark durch festes Schröpfen des Kunden zu bezahlen. Als Beweis werden auch gerne Weinkarten in nahen oder ferneren Städten angeführt, auf denen ein Wein um mehr als 100 Euro teurer als ab Hof verkauft wird.[1]

Natürlich gibt es manche Weine, deren Preise überzogen sind. Und es gibt Wirte und Händler, die jedes Augenmaß verlieren und meinen, für ein begehrtes Produkt jeden Preis verlangen zu können, was aber nur indirekt mit der Summe zu tun hat, den er im Einkauf beim Winzer zu zahlen hatte. Aber über allem vergisst man dabei gerne eines: Wir Weintrinker können bei jeglicher Kaufentscheidung – ob beim Winzer, Händler oder im Restaurant – nämlich schlicht Ja oder Nein sagen.

„… 's alles Chimäre …"

Der Preis einer Flasche (siehe auch Kapitel „Windeln, Wein und Wurstsemmeln?") ergibt sich zum einen aus den reinen Entstehungskosten wie Materialaufwand, Arbeitszeit, Lagerkosten, Marketingaufwand etc. „Nicht nur die Qualität, auch die Kosten entstehen im Weingarten", meint dazu Heinz Nusser, Betriebsberater für Weinbaubetriebe. Während die Kellerkosten, mit Ausnahme der Anschaffung von Barriquefässern, vergleichsweise gering seien, würden die Arbeiten im Weingarten – je mehr Aufwand, desto höher auch die erzeugten Qualitäten – teuer.

Dazu kommen regionale Faktoren: In Weingärten, die auf terrassierten Hängen in Steillagen ausgepflanzt sind, arbeitet es sich nun einmal nicht ganz so leicht wie in der Ebene, wo manches auch durch Maschinen erledigt werden kann. Dazu kommt die Abdeckung des Risikos eines teilweisen oder totalen Ernteausfalls wie es zum Beispiel bei auf Süßwein spezialisierten Produzenten in erhöhtem Ausmaß der Fall ist.

Nicht zu vergessen sind auch Kosten, die von außen gesteuert werden: Kauft man Trauben zu, wird dafür ein aktueller

Marktpreis verlangt. Ist es eine trendy Sorte wie derzeit Sauvignon Blanc oder Syrah, vielleicht noch in außergewöhnlich guter Qualität, treibt das den Preis in die Höhe. Anders funktioniere die Schiene für jene Markenweine, die über Handelketten verkauft werden, wie Nusser erklärt: „Dabei geht es vor allem darum, die Kosten durch die Erzeugung großer Mengen niedrig zu halten."

Aber: Wein ist auch ein höchst emotional besetztes Produkt. Wie viel für eine Flasche verlangt werden kann, bestimmen auch Angebot und Nachfrage, das Image einer Region, einer Lage, eines Weins oder eines Produzenten. Und das in einem sehr großen Ausmaß.

„... aber mich unterhält's"

Zur Preisspirale gehören auch Käufer, die bereit sind, dabei mitzuspielen. Leute, die aus purem Jagdinstinkt Höchstpreise für eine bestimmte Flasche hinblättern, nur um sie in ihrer Sammlung zu haben. Oder einfach jene die überzeugt sind, dass Qualität ihren Preis hat und preiswerte Weine einfach nur billig schmecken können. Oder auch jene, die auf Empfehlungen von Weingurus und Kritikerpäpsten einfach kaufen, ohne zu probieren, ob ihnen der Inhalt der Flasche den Preis auch wert ist.

Doch sie werden immer weniger. Der Preis einer Flasche Wein sei als Signal an die Leute zu verstehen, „mit welchem Einsatz und Aufwand wir in Weingarten und Keller versuchen, das Beste aus den Gegebenheiten herauszuholen", erklärte Gayle Dargan noch 2002, Senior Vice President bei der damals noch existierenden Robert Mondavi Winery[3], die mittlerweile nach einigen Firmenturbulenzen vom internationalen Getränkekonzern Constellations Brand aufgekauft wurde. Offensichtlich werden die Signale heute anders verstanden. Ein vernünftiges und nachvollziehbares Preis-Leistungs-Verhältnis scheint immer wichtiger zu werden. Überhitzte Preiskapriolen werden immer seltener, national wie international.[4] Bordeaux-Primeurs, ein wichtiger Gradmesser für die Stimmung am Weinmarkt, wurden 2004 und 2005 um 30 bis 40 Prozent billiger gehandelt als in den Jahren davor, wobei der Jahrgang nur eine untergeordnete Rolle spielte.

Viele Winzer haben den Zug der Zeit erkannt und erzeugen auch unter diesen Aspekten. Und als Konsument hat man tatsächlich die Macht zu verweigern, wenn einem etwas den Preis nicht wert erscheint.

Das können Sie glauben:

- Der einzige Preis, den ein Winzer festlegt, ist der Ab-Hof-Verkaufspreis für Privatkunden und Wiederverkäufer.
- Preise, die von Händlern oder in der Gastronomie verlangt werden, legen eben diese Händler oder Gastronomen fest.
- Lokale bieten im Idealfall eine nachvollziehbare Kalkulation an, in die auch eingerechnet wird, dass hier einiges an Logistik – Gläser, Lagerung im Keller, Service – zur Verfügung gestellt wird.

Das Zauberwort heißt „Nein".

Alle Jahre Jubeljahre?

Allzu frühe Aussagen über die Qualität kommender Weinernten sind Kaffeesudleserei.

Mit Erstaunen kann man der Zeitung bereits Mitte August entnehmen, kaum dass die ersten Rotwein-Trauben umgeschlagen haben und die Weißweinbeeren fingernagelgroß sind, dass der nächste Weinjahrgang ein wunderprächtiger wird. Oder nach einem verregneten Sommer mit Hagel in allen Korngrößen und Hochwasser, erklärt einem ein Winzer freudestrahlend, wie glatt die Lese des hervorragenden Materials nicht vonstatten ging.

Natürlich wird kein Winzer zugeben, dass er ein Weinjahr in den Sand gesetzt hat, weil er mit dem Witterungsverlauf nicht umgehen konnte oder es ihm schlicht zu viel Arbeit war, Wetterunbilden mit verstärkter Weingartenarbeit auszugleichen. Einmal abgesehen davon, dass die meisten ohnehin überzeugt sind, das Beste für ihr Produkt getan zu haben. Tatsächlich aber sind realistische Einschätzungen der Qualität des neuen Jahrgangs frühestens bei etwa halb bis dreiviertel eingefahrener Ernte möglich. Und dies variiert von Jahr zu Jahr, von Region zu Region, von Rebsorte zu Rebsorte.

Solche Zeitungsmeldungen basieren auf der Ernteeinschätzung, welche die österreichischen Weinbaubetriebe Anfang August in Bezug auf ihre zu erwartenden Mengen (nicht Qualität!) abgeben müssen. Diese Meldungen werden von den Weinbaureferenten der Statistik Austria hochgerechnet und Mitte August präsentiert. Diese Mengenmeldung, die jedes Weingut verpflichtend abgeben muss, ist ein Kontrollmechanismus, der sich in Österreich aus dem Weinskandal 1985 ergeben hat: Weichen die angegebenen Mengen deutlich von den Schätzungen ab, könnte jemand gepantscht haben. Dass sich der eine oder andere Journalist – vielleicht in der Hoffnung, der Erste zu sein – daraus zu spekulativen Interpretationen bezüglich der Qualität hinreißen lässt, liegt in der Natur des Berufs.

Keine schlechten Jahrgänge mehr?

Wahr an der Häufung von Jubeljahren ist allerdings, dass Jahrgänge mit ungünstigem Witterungsverlauf tatsächlich aufgrund des immer besseren Wissens um Pflanzenphysiologie und auch um Kellertechnik „abgewettert" werden können und die Jubelprognose mit weit höherer Wahrscheinlichkeit als früher abgegeben werden kann (siehe auch Kapitel „Zaubermaschinen – Maschinenzauber?"). Das hat aber auch eine wirtschaftliche Auswirkung: Fällt die Risikokomponente eines schlechten Jahrgangs weg, werden sich auch die früher zum Risikoausgleich nachvollziehbar höher ausgepreisten Winzerprodukte eine Preis-Leistungs-Diskussion gefallen lassen müssen.

Wobei sich speziell in problematischen Jahrgängen immer noch die Spreu vom Winzer-Weizen trennt – trotz aller Technik – und diese Jahre dann gerne „Winzer-Jahrgänge" genannt werden. Allgemeine Aussagen über Jahrgangsqualitäten bleiben daher oberflächlich. Leute, die ihr Handwerk verstehen und bereit sind, die dem Wetterverlauf entsprechende Weingartenarbeit zu leisten, haben eindeutig die besseren Karten, Weine hoher Qualität in die Flasche zu bringen. Feuchte Jahre wie 2004 verlangen eindeutig mehr Arbeit im Weingarten, weil Blätter und Gras sprießen, dass es nur so eine Freude ist. Ein trockenes Jahr wie 2003 gefährdet Junganlagen – vor allem, wenn sie auf einem wasserdurchlässigen Boden wie Schiefer stehen und nicht ertragsreduziert werden.

Und so ein Rebstock ist genügsam und anspruchvoll zugleich. Er kann zwar mit kargen Bedingungen recht gut umgehen, aber er mag es gemäßigt: Es darf nicht zu heiß sein, denn ab 35 °C stellt er seine Assimilationsaktivitäten ein, ebenso wenn ihm zu kalt ist. Nicht umsonst gibt es Weinbau weder entlang des Äquators noch um die Polkappen herum, sondern vor allem in gemäßigten Zonen um den 40. bis 50. Breitengrad. Eine lange Vegetationsperiode, in der die Trauben schaumgebremst reifen, ist jedenfalls besser als ein Hitzesommer, in denen sie innerhalb kürzester Zeit explosionsartig wachsen, aber dafür ein Viertel weniger Zeit haben, um auszureifen. Warme Tage mit kühlen Nächten tun dem Aroma mehr Gutes als knallheiße Tage, denen heiße Nächte folgen.

Richtiger Sommer – falsches Klima

Trockene und heiße Jahre wie 2003, die ein Großteil der Menschheit als „richtigen Sommer" empfindet und daher auch den Wein trinkenden Teil dieses Großteils verleitet, an ein Superjahr zu glauben, erfordern bei manchen Rebsorten oft mehr Aufmerksamkeit als vordergründig mittelprächtige Sommer. So müssen zum Beispiel Weißweintrauben durch die entsprechende Laubwand beschattet werden, um keinen „Sonnenbrand" zu bekommen, was mit mehr Gerbstoffeintrag, ergo mehr herben bis bitteren Geschmacksnoten im Wein endet.

Dazu kommen deutliche regionale Unterschiede, die sich schon an beiden Seiten des Leithagebirges unterschiedlich auswachsen können und unterschiedliche Reifezeiten bei den einzelnen Rebsorten. Aussagen wie „In

Australien war der Jahrgang 2002 traumhaft" oder „In Österreich war 2001 nur mäßig" sind daher auch nur bedingt aussagekräftig. Gerade 2001 gerieten früh reifende Sorten wie Pinot Noir oder Sankt Laurent in Österreich prächtig wie selten. In die Blaufränkisch-Ernte hat es in manchen Regionen reingeregnet. Aber der Rest passte. Während das Kamp- und das Kremstal 2002 ein verheerendes Hochwasser abbekommen haben, das aber nur Teile der Rebflächen und diese teilweise wiederum nur mittelbar beeinträchtigt hat, da die guten Qualitäten an den Hängen der Hügel wachsen, fiel im Mittelburgenland, das wettermäßig vom Süden bedient wird, die ideale Regenmenge.

Ob man jetzt den Aussagen der Winzer bezüglich der Qualität eines Jahrgangs in ihrem Betrieb Glauben schenkt oder nicht, ist Ansichtssache. Aber schließlich waren sie ja in der einen oder anderen Form an der Entstehung des Weines beteiligt.

Das können Sie glauben:

- Tatsächlich können immer differenziertere Methoden der Keller- oder Weingartentechnik Witterungsnachteile ausgleichen.
- Jahrgangsunterschiede sind aber cool. Wenigstens hier setzt sich die Natur durch, zumindest meistens.
- Auch in so called „schwächeren" Jahrgängen, gibt es genügend Winzer, die guten Wein zusammenbringen. Durchkosten ist angesagt, Pauschalverurteilungen à la „Blaufränkisch 2001 heißt nix" oder „Der Weiße 2003 ist ..." sind kurzsichtig.
- Je globaler die Qualitätsbehauptung – in Europa wird der Jahrgang 2005 großartig –, desto größeres Misstrauen ist angesagt.

Windeln, Wein und Wurstsemmeln?

Der Spott ist unberechtigt: Auch zu Supermarktpreisen lassen sich durchaus gute Weine herstellen.

Für richtige Freaks ist es so etwas wie ein önologisches Fegefeuer: Die Supermarktregale voller Weinflaschen, links davon Windeln, rechts Wurstsemmeln, die Verkaufspreise unter der Wahrnehmungsgrenze, also um eine Zehnerpotenz unter denen „richtiger" Weine. Und für diese eine Hälfte der Weinkenner ist klar: Wer hier seinen Wein kauft, ist selber Schuld. Da kann geschmacklich nur die Hölle folgen. Nur drei von 104 getesteten Billigweinen von deutschen Diskontern überzeugten etwa die Fachzeitschrift Wein-Gourmet im Frühjahr 2005 bei einem der vielen einschlägigen Tests, denen sich die Branche immer wieder voller Selbstzweifel unterzieht.

In diesem Umfeld, zu diesem Preis kann es einfach keinen guten Wein geben, sind Puristen überzeugt. Sie pochen auf die traditionellen Vertriebswege und das marketingmäßig sauber gelernte, um nicht zu sagen eingetrichterte Preisniveau. Allerdings: Auch wenn manche PR-Abteilung aus der Branche diese Sichtweise nur zu gerne unterstützt – die Realität nagt von mehreren Seiten an dieser Weinlüge: Weder sind Supermarktweine per se schlecht, noch Weine aus Vinotheken oder Ab-Hof-Verkauf per se gut. Und vor allem: Beinahe so wie bei Kunstwerken sagt der Preis nur bedingt etwas aus über die wahre Qualität des Produkts – sobald, zugegebenermaßen, eine Mindestgrenze überschritten ist. Das zeigen Verkostungen ebenfalls immer wieder.

Wenig überzeugende Vergleichstests

Auch die deutsche Fachzeitschrift „Weinwirtschaft" testet regelmäßig Weine aus Diskont-Supermärkten[1] und die Ergebnisse sind lange nicht so erschreckend, wie es Skeptiker gerne darstellen. Zwar hat etwa eine Verkostung im Herbst 2004 ergeben, dass immerhin 12,6 Prozent der 421 getesteten Weine als ungenießbar einzustufen waren – aber das ist nicht viel: Das ist ungefähr jener Prozentsatz, zu dem auch in Österreich Weine ausgeschieden werden, wenn es um die Erteilung der staatlichen Prüfnummer für Qualitätswein geht – eine Art Vorselektion, die in dieser Konsequenz in Deutschland nicht erfolgt. Dort gelangen also durchaus mehr zweifelhafte Weine in Umlauf, aber diese werden eben dann bei Zeitschriften-Verkostungen zu ähnlichen Prozentsätzen kritisiert. Und einzelne Weine aus dem Supermarkt kamen geschmacklich an Spitzenprodukte durchaus heran.

Auch das Internetmagazin www.wein-plus.de führt immer wieder Vergleichstests durch.

Etwa im Frühjahr 2004, als alle Weine unter fünf Euro aus der Diskonterkette Aldi sowie vergleichsweise aus zwei Nürburger Fachgeschäften getestet wurden. Auch in diesem zeigte sich: Der Unterschied zwischen den Einkaufsquellen war nicht gerade überzeugend groß: Der Bewertungsdurchschnitt der Diskonter blieb zwar mit 68 Punkten deutlich unter der Marke für empfehlenswerte Weine (75 Punkte), schrieben die Tester, allerdings lagen die Proben aus den Fachgeschäften, bei denen zu denselben Preisen eingekauft wurde wie in den Aldi-Märkten, ebenfalls darunter (mit besseren 74 Punkten – immerhin).[2]

Ein halbes Jahr später ging Wein-plus dann bereits mit einem reinen Supermarkttest für Weine unter sechs Euro in die Offensive und man zeigte sich durchaus begeistert: „Bei den Vergleichsproben der letzten Jahre, zu denen im Schnitt jeweils 33 Händler je einen Weiß- und Rotwein anstellten, zeigte sich, vor allem bei den Weißweinen, wie gut viele Tropfen in diesem Preissegment sein können.“[3]

Produktionskosten: 84 Cent

Der nüchterne Hintergrund dieser beinahe in Art eines Glaubenskrieges geführten Diskussion ist natürlich die Frage, ob Winzer mit den aus Supermarktverkäufen zwingend geringen Erlösen noch einen guten Wein produzieren können. Fachleute sagen: ja. So etwa gibt Simone Francois, Direktor des Weinguts Castello di Querceto im italienischen Greve in Chianti, einen erfrischenden Einblick in die Kalkulationsbasis eines Winzers: „Wenn man mit Erlösen von fünf Euro pro Flasche kalkuliert, kann man einen Wein erzeugen, der vom ersten Austrieb der Reben bis zur Flaschenabfüllung aufgezogen wird wie ein kleiner Prinz.“[4]

Das deckt sich mit einer Studie des Wiener Universitätsprofessors Walter Schiebel[5], der 2004 für die Österreichische Weinmarketinggesellschaft errechnet hatte, dass es eines Mindesterlöses (über die gesamte Wertschöpfungskette)

von ebenfalls fünf Euro je Flasche bedarf, um die EU-Osterweiterung betriebswirtschaftlich überstehen zu können – sprich, um Wein in wettbewerbsfähiger Qualität herstellen zu können.

Geht man davon aus, dass von diesen fünf Euro ein Gutteil auch aus Agrar-Subventionen an die Winzer ausbezahlt wird, liegt der wirtschaftlich kostendeckende Verkaufspreis selbst für eine Flasche hoch qualitativen Weines auf jeden Fall unter fünf Euro – also mitten im Supermarkt-Preisband. Und da ist durchaus noch ein Gewinn mit einkalkuliert: Klaus Klein, Geschäftsführer des Weingutes Schloss Fels (im Eigentum der Handelskette Spar), etwa kalkuliert für durchschnittlichen österreichischen Qualitätswein (also ohne Flasche, Etikette usw.) mit Produktionskosten von etwa 1,13 Euro je Liter (oder 84 Cent je Kilogramm Trauben).

Wenn also Weine zu höheren Preisklassen verkauft werden, hat das im Regelfall (ausgenommen Spitzenweine natürlich) also weniger mit Produktionskosten und der damit zusammenhängenden Qualität zu tun als mit anderen preisbildenden Faktoren: Angebotsverknappung, Hochpreisstrategie, Transportkosten, Punktebewertungen usw.

▸ Problem: Supermarktlogistik

Der wahre Kern dieser Weinlüge: Das Risiko, im Supermarkt eine Niete zu erwischen, dürfte tatsächlich höher sein als in manchem Fachgeschäft (Vinothek). Das liegt aber nicht am Preis, sondern an den Marktmechanismen im Lebensmittelhandel, wo bei einem Produzenten schon mal mehrere Jahrgänge unverkostet geordert werden, also die Katze im Sack gekauft wird. Der Fachhandel hingegen lässt keinen Tropfen an den Kunden, ohne sich selbst zuvor davon ein Bild gemacht zu haben – sollte es zumindest.

Und zum anderen sind die Weine für große Vertriebsformen oft eher zum baldigen Konsum als zu längerer Lagerung gedacht – bleiben aber jahrelang in den Regalen liegen. Weil aber gerade bei jenen Weinen, die unter hohem Kostendruck produziert werden, oft billige Korkverschlüsse zum Einsatz kommen, schlägt sich die Lagerung – noch dazu oft nicht fachgerecht – hinterher in geschmacklichen Beeinträchtigungen nieder.

Das können Sie glauben:

- Im Prinzip gilt: Ein günstiger Preis muss nicht automatisch schlechte Qualität bedeuten. Alles über fünf Euro hat im Durchschnitt mit anderen preisbildenden Faktoren zu tun – ausgenommen Spitzenweine.

- Wenn Sie im Supermarkt zu Wein greifen, kaufen Sie eher junge Jahrgänge. Die im Lebensmittelhandel angebotenen Produkte sind eher für den alsbaldigen Konsum gemacht.

- Seien Sie misstrauisch: Fragen Sie auch im Fachhandel (Vinotheken) nach, ob die angebotenen Weine tatsächlich vorher verkostet wurden.

Im Osten nichts Gutes?

Die Weinbautradition im ehemaligen Ostblock wird gerade wieder belebt – auch von Österreichern.

Die Zeit des Eisernen Vorhangs ist seit eineinhalb Jahrzehnten beendet. Und in den Weinwirtschaften jener Länder, die ehemals zur kommunistischen Welthälfte gehörten, hat sich in den vergangenen eineinhalb Jahrzehnten Grundlegendes geändert. Zu gern pflegt man aber immer noch das Vorurteil, dass alles, was „von da drüben" kommt, im Massenproduktionsverfahren ohne viel Anspruch erzeugt worden ist. Also kann kein guter Wein von dortherkommen.

Aber dem ist nicht so. In einigen der Länder, die bei der letzten Erweiterungsrunde zur EU gestoßen sind, bzw. auch in jenen, die für die nächste Runde im Gespräch sind, haben sich seit dem Fall des Eisernen Vorhangs hochinteressante Weinwirtschaften etabliert. In vielen Ländern wurden die ehemals staatlichen Anlagen, die auf Massenproduktion und die Verarbeitung von riesigen Mengen[1] ausgerichtet waren, privatisiert (Rumänien etwa zählt zu den zehn größten Verbraucherländern der Welt – und verfügt, wie Portugal, über die fünffache Weinbaufläche Österreichs). In manche Regionen floss und fließt noch immer einiges Geld westlicher Weininvestoren, die dadurch einen raschen Aufbau möglich machten und machen. „Goldgräber sind unterwegs" – formuliert es etwa die angesehene Tageszeitung „Die Welt".[2]

Keine Wunder

Sie werden wohl noch eine Weile schürfen (und schlürfen) müssen. Denn Weine aus den Ländern des Ostens haben mit einem schweren Imageproblem zu kämpfen. Professor Balázc Herpay, Direktor der Vereinigung ungarischer Weingüter, deren 55 Mitglieder den Export beherrschen, sieht das nüchtern.[3] „Die Wodka-Trinker in Moskau lieben uns, aber anderswo haben wir einen schlechten Ruf. Wir werden wenigstens fünf bis acht Jahre brauchen, bis wir im Westen ein neues Image aufgebaut und die Verbraucher von der Qualität unserer Weine überzeugt haben. An Wunder glaube ich nun mal nicht." Wie bei vielen Dingen, die mit Wein zu tun haben, geht es auch hier um Erwartungen – und die sind im Allgemeinen negativ, weil man die Weine vor allem aus dem Supermarkt kennt. Grundsätzlich aber gilt auch hier die viel beschworene Qualitätspyramide, eine Spitze mit wenigen auf sehr hohem Niveau produzierenden Betrieben, gefolgt von der nach unten immer breiter werdenden Masse.

Ungarn

War das erste Land, das durch Auslandsinvestitionen „wach geküsst" wurde, da die Voraussetzungen dank des „Gulaschkommunismus" ziemlich gut waren. Vor allem eine Region profitierte sehr bald: Tokaj-Hegyalja, Produzent edelster Süßweine, „Wein der Könige – König der Weine", wo man auch während der Zeit des Kommunismus den Ruf einigermaßen wahren konnte. Investitionen kamen von ausländischen Weinunternehmen wie der Familie Alvarez, den Besitzern von Vega Sicilia, die 1993 Oremus gründeten, oder auch von Versicherungsgesellschaften wie AXA, die eine eigene Tochtergesellschaft für Weininvestitionen betreibt. Einige Exilungarn, die als Önologen oder in anderen Funktionen in der Weinbranche unterwegs waren, wie Huba Szeremley oder der leider in der Zwischenzeit bei einem Autounfall verstorbene Tibor Gál, in den 1980er Jahren Weinmacher bei Ornellaia von Ludovico Antinori, kehrten zurück und setzten im Heimatland um, was sie aus der großen weiten Weinwelt mitgenommen hatten. Ein bekanntes österreichisch-ungarisches Joint Venture ist die Kooperationen zwischen Franz Weninger und Attila Gere in Villány. Weninger erwarb in der Zwischenzeit auch ein Weingut und Flächen bei Sopron, das von seinem Sohn Reinhard mit großem Erfolg betrieben wird. Mittlerweile haben auch weitere Regionen aufgeschlossen. Villány ist bekannt für qualitätsvolle Cabernet Sauvignons, aus Badacsony am Nordufer des Plattensees, einer Gegend, mit vulkanischen Böden, kommen hochqualitative Weißweine. Szekszárd oder die Region um Eger schließen auf.

Bulgarien

Bulgarien zählt zu den Export-Weltmeistern und liegt an sechster Stelle eines internationalen Rankings: Mehr als 75 Prozent der Gesamtproduktion werden in rund 70 Länder exportiert. Auch hierher floss einiges an Investitionen. Der Rebsortenmix umfasst Weißes wie Rotes, heimische wie internationale Sorten. Große Hoffnungen setzt man in Merlot und in die heimische Rotweinsorte Feteasca Neagra. Es gab traditionell starke Verbindungen zu Australien, Blueridge wurde mit australischer Unterstützung gebaut und gehört zu Boyar Estates, einem Dachverband, zu dem mehrere Weingüter gehören, wie auch Domaine Boyar. Bordeaux-Weinmacher wie Stephan Graf Neipperg investierten in diesem Land. Damianitza Winery im Südwesten des Landes wurde 1996 privatisiert und innerhalb kürzester Zeit teils mit Förderungen der Europäischen Bank für Wiederaufbau umstrukturiert, in die Ausstattung wird laufend investiert.

Slowenien

Das EU-Musterland ist auch ein hochinteressantes Land mit einer sehr aktiven Weinwirtschaft, dessen vielleicht bekannteste und traditionsreichste Weingegend Podravja im Osten zwischen den Flüssen Drau und Mur und um die Stadt Jeruzalem und in der Gegend von Maribor zu finden ist. Aber auch im Westen, auf der anderen Seite des italienischen Collio, jenes Hügelgebietes in der Gegend von Görz und Cormons an der italienisch-slowenischen Grenze, oder im Süden entlang der Grenze zu Kroatien und auf dem Gebiet entlang

der Save an der ungarisch-kroatischen Grenze findet man einige Betriebe mit Potenzial. Der Einfluss von Italien und Österreich, in Erinnerung an das ehemalige k.u. k. Österreich, eine Zeit in der vor allem die Gegend rund um Jeruzalem einer der wichtigsten Weinlieferanten der Monarchie war, ist vergleichsweise stark. Einige steirische Betriebe betreiben Kooperationen, wie zum Beispiel die Brüder Polz aus der Südsteiermark mit dem slowenischen Weinmacher Miro Munda. Im Zuge der Privatisierung erhielten einige frühere Besitzer auch das Recht ihre Flächen zurückzukaufen. Dazu zählen zum Beispiel das Stift Admont, das mit dem Burgenländer Erich Krutzler als Geschäftsführer des Dveri Pax Projekts den Weinbaubetrieb wiederbelebt hat, oder Weinbau Krainz, ein Joint Venture einer slowenisch-stammigen Familie in Wien, die Flächen aus früherem Familienbesitz zurückkaufen, konnte, mit dem Wiener Sebastian Lerchl aus der Südsteiermark.

Das können Sie glauben:

- Probieren Sie, wenn Sie die Gelegenheit dazu haben! Sie könnten überrascht werden.
- Das Preis-Leistung-Verhältnis dieser Weine ist nicht schlecht, aber auch im Osten hat Qualität ihren Preis.
- Nicht selten stecken westliche Geldgeber hinter wieder auferstandenen Weinbaubetrieben im ehemaligen Ostblock.

Vorurteile erleichtern das Wein-Leben?

Spanien ist nicht nur ein Rotweinland und Italien ist nicht nur teuer.

In Zeiten starker wirtschaftlicher Konkurrenz kommen Vorurteile über Mitbewerber so manchem Marktteilnehmer nicht ganz ungelegen. Noch dazu die wenig schmeichelhaften. Dem lange Zeit vorherrschenden Image, dass japanische Autos lange nicht so sicher konstruiert sind wie die deutschen, haben die deutschen Autobauer seinerzeit jedenfalls nie widersprochen. Warum soll das in der Weinwelt anders sein? Aufklärung über die wirkliche Weinwirtschaft rund um Österreich ist sicher nicht Sache des heimischen Wein-PRs. Also zahlt es sich aus, selbst auf Entdeckungsreise zu gehen.[1]

Spanien etwa mag vielleicht in der guten alten Weinwelt bekannt sein für seine Riojas, ein Horizont, der mittlerweile um Weine aus dem Ribeira del Duero oder dem Priorat erweitert wurde. Aber ganz leicht vergisst man dabei, dass es auch hier einiges an weißen Rebsorten gibt.

Mehr Weißer als in Österreich

Airen zum Beispiel ist mit rund 230.000 Hektar die in Spanien und auch weltweit am meisten gepflanzte weiße Rebsorte. Sie eignet sich vor allem für die heißen Gegenden des Hinterlands und ergibt relativ neutral schmeckende, alkoholreiche Weine, die auch gerne für die Brandy-Produktion verwendet werden. Zu den international bekanntesten Produkten aus weißen Rebsorten spanischer Provenienz zählen jene Schaumweine, die unter der DO Cava in den Handel kommen (DO: kontrolliertes Anbaugebiet). Sie wachsen bevorzugt in der DO Penedes, werden in der klassischen Mischung aus den Rebsorten Macabeo, Xarello und Parellada gemacht und nach der traditionellen Methode hergestellt. Zumindest jene mit Qualitätsanspruch.

In der DO Rueda rund um Valladolid im Nordwesten Spaniens findet man beachtliche Sauvignon Blancs, die in all ihrer Duftigkeit auch international Furore machen, die auch als Beigabe zu oder in einer Cuvée mit Verdejo, einer weiteren sehr aromatischen Weißweinsorte sehr gute, aromatische Figur machen. In Galicia im äußersten Nordwesten des Landes sind die Weine der DO Rias Baixas aus Albarino eine immer stärker nachgefragte Spezialität.

Sherrys (außer Pedro Ximenez) werden aus Palomina, einer weißen Rebsorte, hergestellt, die auf 90 Prozent aller Sherry-Rebflächen steht. Selbst Pedro Ximenez, die süßeste aller Sherry-Qualitäten, der schwarz und ölig aus der Flasche rinnt, ist weißen Ursprungs.

38 Italien: Teuer und sonst nix?

In Italien gibt es tatsächlich einige Regionen, aus denen Weine kommen, deren Preise auf einem sehr hohen Niveau sind. Piemont und im Speziellen die „Supertoskaner" erreichten in den 1990ern atemberaubende Preisniveaus. Diese Weine, die aus den DOC-Bestimmungen fallen, weil darin Rebsorten wie Cabernet Sauvignon oder Merlot verwendet werden, die in den DOC-Regeln nicht vorkommen, mussten als „Vino da tavola" bezeichnet werden, die normalerweise deutlich weniger als DOC-Weine kosten, für die aber ein Vielfaches der normalen Tischweine verlangt wurde.

Aber keine Region, kein Weinland ist nur teuer oder nur billig. Manchmal muss man halt länger suchen, um Weine zu erschwinglichen Preisen zu finden. Und eine Jagd bietet ja bekanntlich auch einiges an Faszination. Zweitens rücken in Italien immer öfter Regionen ins Rampenlicht, in denen man als Schnäppchenjäger immer auf seine Kosten kommen kann: Dazu zählen zum Beispiel der gesamte italienische Süden wie Kalabrien, Apulien oder Sizilien, wo es einige spannende Weingüter zu entdecken gibt. Oder die Maremma bzw Umbrien in Mittelitalien.

Das können Sie glauben:

- Die Suche nach guten Preis-Leistungs-Weinen in Italien kann ein lohnendes Hobby sein und zu den schönsten Verkostungsabenteuern werden.
- Sollte Ihnen jemand spanischen Weißwein anbieten, lachen Sie ihn nicht aus, sondern probieren Sie ein Glas. Er könnte der Beginn einer wundervollen „aromatischen" Freundschaft sein.
- Spanien baut zehnmal mehr Weißen an, als Österreich Rebfläche hat.

Übersee: Kunstwein statt Weinkunst?

Australien, Kalifornien & Co. können mit den europäischen Spitzenprodukten mithalten.

Andere Länder, andere Sitten, andere Weine: Je weiter weg, umso wilder die Gerüchte. Aber in einer globalen Konkurrenzsituation, wie in der Weinwelt mittlerweile vielen schmerzlich bewusst, lassen sich wilde Gerüchte wunderbar gegen eine heimische Ehrlichkeit ausspielen. Übersee, so heißt es dann, die so genannte Neue Weinwelt, produziert ausschließlich hochalkoholische, süßliche intensive Weine, die wenig kosten, die heimische Supermärkte überschwemmen und grundsätzlich nur in enormen Massen mit industrieller und hochgerüsteter Technik hergestellt werden, weil die „da drüben" ja auch vom Gesetz her alles dürfen, was ein penibler Weingott in Europa untersagt hat. Nun ja, daneben ist auch vorbei – an der Wahrheit.

Tatsache ist, dass es natürlich auch in Australien, Kalifornien und Co. die bereits sattsam bekannte Qualitätspyramide gibt. Und was die Spitze der kalifornischen, chilenischen oder australischen Weine können, haben sie in den vergangenen Jahren und Jahrzehnten in verschiedenen Blindverkostungen bewiesen. Die bekanntesten davon werden als Meilensteine die Weinliteratur rauf und runterzitiert. 1976 beim berühmt berüchtigten „Paris Tasting", das Steven Spurrier, heute Chefredakteur des britischen Fachmagazins „Decanter", organisierte, schlug der kalifornische Cabernet „Stags Leap" 1973 seine französische Konkurrenz in einer Blindverkostung auf überzeugende Art und Weise.

Ein herber Schlag für einige französische Tester, die bis dahin überzeugt waren, dass niemand außer Frankreich höchste Weinweihen gepachtet haben könnte. Mittlerweile produziert man sogar gemeinsam: Robert Mondavi, Pionier des kalifornischen Spitzenweines, und Baroness Philippine de Rothschild, Herrin des Borderlaiser 1a-Chateau Mouton.[1] Vereint bepflanzten sie einen 35 Hektar großen Weingarten nahe Oakville (Kalifornien) und produzieren nebenbei „Opus one", einen der teuersten Cuvées der Welt. Auch nach der Übernahme Mondavis durch Constellations wird die Kooperation – mit größeren Selbstständigkeiten – weiter bestehen.

Ähnliches passierte beim Berlin Tasting 2004, als sich Viñedo Chadwick 2000 von Errázurriz und Sena 2001 gegenüber Chateau Margaux 2001 und Lafite 2000 durchsetzte. Steven Spurrier war übrigens auch diesmal dabei. Australien beweist mit Penfolds Grange seit 1953 und mit Kalibern wie Henschke „Hill of Grace“ oder „Mount Edelstone“, was in diesem Land, dem man vor allem Alkohol, Üppigkeit und Eukalyptus zuschreibt, möglich ist. Vor allem aus den kühleren Zonen des Landes kommen immer öfter Weine, die dem Klische – Üppigkeit, Alkohol und Eukalyptus – in einer Blindverkostung nicht zuordenbar sind, sondern erstaunlich „europäisch“ wirken. Auch bei der deutsch-österreichischen Darling-Rebsorte Riesling erwächst einige Konkurrenz.

Diffuse Bedrohung aus dem Supermarktregal

Warum dann diese Unsicherheit? Spricht man von Übersee-Weinen, bezieht man sich gerne auf jene Massenweine, die in den Supermarktregalen stehen und für das typische Neue-Welt-Klischee sorgen. Für einen gelernten patriotischen Trinker – Österreichs Weinkonsumenten trinken zu etwas mehr als 70 Prozent heimischen Wein[2] – ist das Bedrohungspotenzial schon sehr groß. Und vor allem sehr diffus. Aus dem, was in den Regalen heimischer Supermärkte zu sehen ist, wird geschlossen – auf Teufel komm raus.

Die wirtschaftlichen und gesetzlichen Voraussetzungen machen es einigen Produzenten in Übersee zumindest in der Vergangenheit manchmal tatsächlich leichter, mit wenig Aufwand – etwa durch niedrige Arbeitskosten und Erntehelfern, die unter menschenunwürdigen Bedingungen werken[3] – billige Weine herzustellen, die Konsumententrends entsprechen.

Natürlich tut sich ein Hochpreisland wie Österreich schwer mit derartigen Produktionsmethoden im niedrigen Preisbereich mitzuhalten – auch wenn hierzulande billige Erntehelfer nichts Unbekanntes sind. Doch nur weil ein Land eine völlig anders strukturierte Weinwirtschaft hat – in Australien zum Beispiel beherrschen einige wenige Großkonzerne, zu denen oft mehrere Weinbaubetriebe gehören, die Szene – und andere Spielregeln bei der Vinifizierung, bedeutet das nicht, dass man dabei auch ausschließlich auf industrielles Weinmachen schließen kann. An der Spitze dieser Qualitätspyramide stehen Weine, die ebenso aufwändig gemacht, geschmacklich unvergesslich und beeindruckend sind wie unsere Singerriedels, Keller- und Salzberge.

Das können Sie glauben:

- Auch andere Länder haben schöne Weine – bei Blindvergleichen schlagen Übersee-Weine öfter zu, als man in Europa wahrhaben möchte.
- Patriotische Wein-Überheblichkeit mag als Abgrenzungsverhikel dienen. Für Konsumenten zahlt sie sich nicht aus, man nimmt sich damit viel Spaß an der Verkostungssache.
- Probieren Sie's, wann immer sich die Gelegenheit dazu bietet. Massenweine allerdings entstehen unter anderen gesetzlichen Voraussetzungen.

Land der Spitzenwinzer?

Neben einer Hand voll Weinbau-Stars kämpft ein Gutteil mit Qualitäts- und Strukturproblemen.

Glaubt man den diversen Marketingverkündigungen ist österreichischer Wein Weltklasse. Zumindest in Österreich – könnte man ironisch relativierend dazusagen. Denn diese Wahrheit hat noch eine zweite Seite.

Natürlich gibt es hierzulande viele Spitzenwinzer – und es werden durchaus mehr – die sich in der Kombination aus Ehrgeiz und Glück, Spitzenweinbau und Marketing einen internationalen Namen machen konnten. Diese scheinen in den Gazetten regelmäßig auf und werden als Aushängeschilder wohl zu Recht gerühmt. Aber offizielle Statistiken in Österreich zeigen auch, dass hierzulande die Elite – jene Weinbauern, die auch ordentliche Preise für ihre Produkte erlösen können – gar nicht so groß ist.[1]

Rund 32.000 Betriebe betreiben in Österreich Weinbau, 24.000 ernsthaft, aber nur 6000 davon produzieren überhaupt Flaschenwein – also etwa ein Viertel. Der Rest ist Traubenlieferant (durchaus auch für Spitzenwinzer) oder produziert Fasswein. Der Fassweinpreis allerdings lag angesichts einer deutlichen Überproduktion im September 2004 etwa für weißen Qualitätswein zwischen 0,29 und 0,34 Euro je Liter – also um Welten von jenem Preisniveau entfernt, das ein Land der Spitzenwinzer wohl gerne hätte.

Eine Ablehnung pro Betrieb

Doch auch die 25 Prozent Flaschenweinabfüller sind noch nicht die wirkliche Elite Österreichs: Die Österreichische Weinmarketinggesellschaft spricht von einer „Dreiklassengesellschaft" aus Oberliga, Mittelschicht und Unterliga. Angesichts dessen erscheint dann die Tatsache, dass etwa bei der Erteilung der staatlichen Prüfnummer für die Flaschenweine dieser rund 6000 Betriebe immerhin 5415 Anträge abgelehnt werden mussten, doch relativ beunruhigend: Das ist statistisch beinahe eine Ablehnung pro antragstellenden Betrieb (oder – bezogen auf die 39.744 eingereichten Chargen – 13,6 Prozent).[2] Dabei ist die Prüfnummernvergabe noch nicht einmal ein Qualitätskriterium, sondern nur der Test, ob auch jene Sorte fehlerfrei drinnen ist, die außen draufsteht. Und laut Regeln gilt ein Wein selbst dann als positiv geprüft, wenn zwei Mitglieder der sechsköpfigen Bewertungskommission ihm die Zustimmung verweigern – was, nach Angaben der prüfenden Bundesweinbauanstalt in Eisenstadt immerhin bei jedem dritten Wein der Fall ist.

Eine kleine Ahnung von wirklicher Qualität bei Weinen könnten vielleicht die Zahlen bei Verkostungen des regionalen Weinkomitees zur neuen Premium-Regionalmarke Weinviertel DAC geben: Dort wurden 2004 von 1873 eingereichten Weinen – also ohnehin jene, von denen sich die Winzer Erfolgsaussichten versprachen – immer noch 1273 abgelehnt (verschärfte Prüfbedingungen für vordefinierten Regionalgeschmack).[3]

25 Prozent fehlerhaft?

Querdenker der Weinbranche, wie etwa die Wienerin Nora Voithofer, die mit ihrem Internetweinhandel www.preisleistungswein.com das Diktum, dass nur teure Weine gut sein können, regelmäßig in Frage stellt, schätzen überhaupt, „dass rund ein Viertel des in Verkehr gebrachten Weins mehr oder weniger fehlerhaft ist".[4] Nimmt man etwa den Hektarertrag als indirekten Qualitätsmaßstab (so bringt zum Beispiel die so genannte Ausdünnung im Weingarten, also die Konzentration auf weniger, aber bessere Trauben, bei geringerer Ernte grundsätzlich höhere Qualitäten) wird es in Österreich jedenfalls eher schlechter als besser – stieg doch der durchschnittliche Hektarertrag von 45,9 Hektolitern im Jahr 1995 auf 62,8 im Jahr 2004.[5] Gut für die Menge, schlecht für die Qualität.

Das Verhältnis der Österreicher zu dem angeblich allgegenwärtigen Spitzenwein aus Österreich ist durchaus zwiespältig. Bei gleich bleibendem Gesamtverbrauch liegt inländischer Wein – mit rund 74 Prozent (2000: 82 Prozent) insgesamt zwar sinkend – mengenmäßig immer noch an der Spitze. Nur: Wie lange noch? So sank etwa der Anteil jener Käufer, die nur österreichischen Wein kaufen, zwischen 1999 und 2003 von 43 auf 37 Prozent. Bei Rotwein ist es besonders dramatisch: Der Anteil ausländischen Rotweins nimmt beständig zu (von 14 auf 21 Prozent). Im Lebensmittelhandel – der einzig steigenden Absatzschiene – ist ausländischer Rotwein mit 70 Prozent (Wert) bereits seit Jahren haushoher Favorit beim Griff zur Flasche.[6] In Summe hat jedenfalls der Import ausländischen Weins 2004 (Menge) einen historischen Höchststand erreicht und der Export österreichischen Weins dagegen einen Einbruch erlebt. Zum Trost: Wertmäßig gesehen haben die wenigen Exporte aber um plus 20,8 Prozent zugelegt. Beide Fakten zusammen lassen aber darauf schließen, dass es in Österreich zu viel durchschnittliche Massenprodukte gibt, die sich im Gegensatz zur Spitzenware nicht exportieren lassen und hierzulande durch Importe aus dem billiger produzierenden Ausland ersetzt werden.[7]

Was Sie glauben können:

- Missverstehen Sie den Werbeslogan „Wein aus Österreich" nicht automatisch als Qualitätsurteil im umgangssprachlichen Sinn.
- Nicht alle Winzer haben designermäßig durchgestylte Verkostungsschuppen aus Chrom und Holz – die Mehrheit lebt von Fasswein und Traubenverkauf.
- Die Prüfnummer für Qualitätswein bestätigt lediglich, dass mindestens vier von sechs Profiverkostern das rausschmecken, was außen draufsteht, und dass die technischen Grenzwerte des Weingesetzes im Labor eingehalten wurden.

Was Weingenuss mit Gesellschaft & Gesundheit wirklich zu tun hat

Medizinische Erkenntnisse und deren öffentliche Wahrnehmung – ein Verhältnis mit wenig Nuancen, flachem Bukett und kurzem, saurem Abgang. Die Wissenschaft erforscht immer kleinere Details aus immer komplexeren Zusammenhängen und schafft es kaum, deren wahren Stellenwert Durchschnittsbürgern plausibel zu erklären. Konsumenten wiederum lassen sich gerne Detailerkenntnisse für eine große Lösung vormachen – nichts geht so sehr rein wie simple Lösungen für verstrickte Probleme.

Das ist im Weinbusiness nicht anders. Aus Detailerkenntnissen über einzelne Weininhaltsstoffe etwa wird rasch der Mythos vom Jungbrunnen Wein. Statistiken werden in Verkennung der tatsächlich erhobenen Datenlage uminterpretiert – etwaige Relativierungen der Wissenschafter verschwinden spätestens in den Presseaussendungen eines Weinproduzenten. Gefährlichere Wirkmechanismen dagegen bleiben unerwähnt.

Bei der derzeit vorexerzierten Mystifizierung wird leicht vergessen, dass auch bei Winzern, Weinlokalen und Vinotheken der wirtschaftliche Druck Handlungsmotor Nummer eins ist. Was liegt näher, als etwa den Rotwein zum Gesundheitsturbo hochzustilisieren, wenn sich schon der in einer einzigen amerikanischen TV-Talkshow kreierte Begriff „French Paradox" so nachhaltig festsetzte?

Dieses Kapitel soll die oft vergessenen Aspekte rund um den Wein in der Gesellschaft wieder ins Bewusstsein rufen, bezüglich medizinischer Fakten, gesetzlicher Voraussetzungen und allgemein menschlicher Psyche. Denn wer aus Gewinninteressen heraus auf ausgewogene Darstellung verzichtet, macht nur allzu schnell aus einem Mythos eine Wein-Lüge.

Francisco de Goya y Lucientes: Weinlese, 1786

Ein gesundes Tröpferl?

Die sicheren gesundheitlichen Nachteile von Alkohol überwiegen die vagen Vorteile von Weininhaltsstoffen.

Eigentlich verwunderlich, dass es Wein nicht schon längst auf Rezept gibt. Denn eines der am vehementesten vorgebrachten Argumente fürs Weintrinken ist die angeblich gesundheitsfördernde Wirkung. Und tatsächlich verblüffend: Die Medizin entschlüsselte in den letzten Jahren die Wirkung vieler Weininhaltsstoffe, so genannter Polyphenole wie Flavonoide oder das Resveratrol, alles so genannte Antioxidanzien, die Freie Radikale (das sind geschädigte Sauerstoffmoleküle, die Zellen und den Blutkreislauf negativ beeinflussen können) im Körper unschädlich machen oder die Blutgerinnung fördern sollen.

Die vermutete Folge dieses im Reagenzglas beobachteten Mechanismus: Vor allem eine positive Wirkung von Wein auf die Herzkranzgefäße und somit das Risiko für den Herzinfarkt verringernd. Alkohol selbst wiederum wird die Erhöhung des „guten" Cholesterins (HDL) und damit der Gerinnungsfähigkeit von Blut zugeschrieben.

Die Versuchung für viele Marketingexperten, aus diesen durchaus wahren Detailerkenntnissen gute Stimmung für ihr Lieblingsgetränk zu machen, ist auch allzu groß. Ernährungsexperten sind beeindruckt von der Vielzahl an Studien, die eine positive Wirkung auf den Menschen bewiesen haben wollen.[1] Allerdings: Leichte Zweifel sind angebracht, wenn allzu euphorisch über Wein als Gesundheitsturbo philosophiert wird. Denn grundsätzlich und vor allem, so postuliert der bekannte deutsche Gesundheitsmediziner und Weinforscher Manfred Singer[2], „ist Alkohol ein Krebs erregendes Zellgift".

Die Message über den gesunden Wein – die Erklärung[3] für den Rotweinboom schlechthin – sollte sehr nüchtern betrachtet werden. Auch wenn das beim Wein einigermaßen schwer erscheint.

Gesund: vielleicht ...

Zum einen scheidet eine große Hälfte der Weinwelt überhaupt aus der Diskussion aus: Denn es gilt die Erkenntnis, dass die positiven Weininhaltsstoffe vorwiegend für Rotwein gefunden wurden. Sehr zum Ärger der Weißweinfraktion, die sich bemüht, ebenfalls an dem Gesundheitsboom mitzunippen. Allerdings: mit mäßig relevanter Datenlage. Die zum Ausgleich oft zitierte „Freiburger Weißweinstudie", die auch dem Weißwein eine fördernde Wirkung auf das Herz-Kreislauf-System zuschreibt, sollte jedenfalls hinterfragt werden. Der im Zusammenhang mit Dopingfällen schwer umstrittene Studienautor und Sportmediziner Josef Keul[4] machte sich die Sache allzu leicht: Er untersuchte ganze 15 (!) Weintrinker vor, während und nach einer erzwungenen, abstinenten Phase und stellte nicht mehr fest, als dass sich deren Blutfettwerte in der ungewohnten Abstinenzphase verschlechterten[5] – nicht gerade ein wissenschaftlich schlüssiger Beweis für den Gesundheitsturbo Weißwein.

Nicht genug der Einschränkungen. So belegen Studien, dass statistisch gesehen die kardioprotektive Wirkung der Weininhaltsstoffe – sollte sie außerhalb des Reagenzglases in dieser Art auch beim Menschen wirken – nur für Männer über 55 Jahren und Frauen über 65 Jahren gilt. Denn nur ab diesem Alter ist das Risiko einer entsprechenden Erkrankung hoch genug, dass Wein einen entscheidenden senkenden Einfluss haben könnte.[6] Außerdem gilt, dass für die gesundheitsfördernde Wirkung sonst keine weiteren Risikofaktoren vorliegen dürfen, wie Stoffwechselstörungen, Hypertonus oder Herzrhythmusstörungen.[7]

Aber auch was den Rotwein selbst betrifft, gilt die gute Nachricht nicht uneingeschränkt: Nur jene Sorten (vor allem Cabernet Sauvignon[8]), die lange auf der Maische vergoren werden und somit lange Zeit haben, die Inhaltsstoffe aus Schale und Kernen auszulaugen, weisen eine genügend hohe Konzentration der wirksamen Inhaltsstoffe auf[9] – das sind aber in der Regel eher herbe Weine. Bei den immer beliebter wer-

denden modernen Filtertechniken und Konzentrationstechniken im Weinkeller dagegen gehen übrigens viele Weininhaltsstoffe – im Gegensatz zu Biowein – schlicht verloren.

Kakao: mehr Antioxidanzien

Überhaupt scheint bei der euphorischen Bewertung einiger Forschungsergebnisse der nüchterne Blick auf das Wesentliche oft getrübter zu sein als Rotwein auf der Maische. Denn vergleichende Analysen rücken das Bild des Weins als besonderes Medikament für ein längeres Leben zurecht. So etwa berichteten japanische Forscher[10], die eigentlich die Wirkung von grünem Tee untersuchen wollten, von der erhellenden Erkenntnis, dass heiße Schokolade (Kakao) doppelt so viel Antioxidanzien aufweise wie Rotwein oder dreimal so viel wie grüner Tee – was so gar nicht in das Bild des besonders gesunden Tröpferls aus dem Weinberg passt.

Ähnliches gilt für Obstsäfte (Apfelmost etwa bringt pro Liter 3500 Milligramm[11,12] an Phenolsäuren auf die Waage, Rotwein nur etwa 280 Milligramm) oder unvergorenen Traubensaft – was den provokanten Schluss zulässt, dass das, was im fertigen Wein an gesunden Inhaltsstoffen noch gefunden wird, nur mehr der Rest eines naturbelassenen, ehemals sehr wirkungsvollen Getränks ist.

Andere Studien wiederum melden überhaupt Zweifel daran an, speziell dem Rotwein gesundheitsfördernde Inhaltsstoffe zuzuschreiben. So etwa berichtet das Deutsche Ärzteblatt von einer Studie an 38.000 Mitarbeitern des amerikanischen Gesundheitswesens: Dabei wurde die Infarktrisiko senkende Wirkung mit dem Konsum von Bier in Zusammenhang gebracht.[13] Vor allem die Ergebnisse epidemologischer Studien dürften aus statistischen Gründen oft zu Unrecht zur Interpretation Weinbezogener Effekte herangezogen werden (siehe auch Kapitel „Vive la French Paradox?“).

Schädlich? Sicher ...

Sicher hingegen ist die schädliche Wirkung des Alkohols – des zweiten, nicht unerheblichen Inhaltsstoffs im Wein – auf allen anderen Gebieten, die nicht den Herzinfarkt betreffen. Und die reicht von einer Krebs steigernden Wirkung über Auswirkungen auf das Nervensystem bis hin zu volkswirtschaftlich desaströsen Folgen des Alkoholmissbrauchs. Schon bei einem Drink pro Tag etwa steigt das Risiko, an einem bösartigen Tumor der inneren Organe zu erkranken um 5 bis 30 Prozent[14], auch schädigende Wirkungen auf das Erbgut im Zusammenhang mit Alkoholabbauprodukten wurden unlängst bekannt.[15]

Für die Schweiz etwa hat die Schweizerische Fachstelle für Alkohol- und andere Drogenprobleme 2004 volkswirtschaftliche Kosten durch übermäßigen Alkoholkonsum in der Höhe von 6,5 Milliarden Franken (4,17 Milliarden Euro) errechnet (darin sind direkte, indirekte und immaterielle Kosten enthalten) – bei alkoholindizierten Steuereinnahmen von 400 Millionen Franken oder 256 Millionen Euro. In den USA werden die Kosten auf 130 Milliarden Euro geschätzt, für Deutschland auf 20 Milliarden Euro jährlich.[16] Und nicht nur in Österreich werden die Hinweise immer deutlicher, dass auch immer mehr Kinder mit Alkohol nicht umgehen können[17] (41,6 Prozent der unter 16-Jährigen konsumieren regelmäßig einmal in der Woche oder öfters Alkohol).

Das Resümee kann nur sein: Angesichts der sicheren toxikologischen Wirkung und der Gefahr des Missbrauchs kann von einer gesundheitsfördernden Wirkung von Wein nicht wirklich ausgegangen werden – weder auf die Gesellschaft noch auf das Individuum. Kein Wunder etwa, dass das Australische Weinforschungsinstitut – nicht gerade eine puristische antialkoholische Kampforganisation – in einer kurzen Broschüre zum Thema Wein & Gesundheit[18] gleich sechsmal den Hinweis abdruckt, dass Nichtweintrinker nicht zum Trinken anfangen sollen, nur um sich einen gesundheitlichen Vorteil zu erwarten. Wenn, so das Institut, geht es um das Vergnügen am sinnlichen Genuss. Auch die Deutsche Gesellschaft für Ernährung warnt nach einer Beschreibung möglicher gesundheitlich positiver Einflüsse von Wein: „Dennoch lässt sich eine Empfehlung von Alkohol zum Schutz vor Herzinfarkt nicht ohne Vorbehalt vertreten.“[19]

Gesundheitsmediziner Singer formuliert es umgekehrt: „Bestenfalls ist von einer möglichen Reduktion eines einzigen Risikobildes (Herzinfarkt) auszugehen – und das ist kein Gesundheitsturbo.“ Ein Marketingturbo vielleicht.

Das können Sie glauben:

- Über die Alkoholmenge, die gerade noch nicht schädlich ist (Achtung – das bedeutet nicht: gesundheitsfördernd!), wird wissenschaftlich diskutiert. Sie schwanken um mehr als 100 Prozent. Die empfohlene Menge hängt medizinisch gesehen auch vom persönlichen Gesundheitszustand, Körpergröße etc. ab und liegt nach der Deutschen Gesellschaft für Ernährung (DGE) zwischen 10 (Frauen) und 20 (Männer) Gramm Alkoholzufuhr am Tag (das ist der so genannte „Standarddrink“ und bedeutet weniger als ein Viertel Wein; 0,2 Liter Wein haben bereits durchschnittlich 16 Gramm Alkohol). Allerdings, so die meist nicht zitierte Einschränkung einer gemeinsamen Veröffentlichung der Deutschen, Österreichischen und Schweizer Gesellschaft für Ernährung 2005: „Diese sollte jedoch nicht täglich erfolgen.“[20]

- Allerdings: Wer über 50 Jahre alt ist und seinem Hausarzt gesteht, sich zwar das Rauchen abgewöhnt zu haben und täglich Sport zu betreiben, aber auf das tägliche Achterl Rotwein nicht verzichten zu wollen – der darf trotzdem gelobt werden.

- Der gesundheitfördernde Effekt von Rotwein dürfte eher in der Art des gewöhnlich damit verbundenen Konsums liegen – nämlich sich täglich Zeit zur Entspannung zu nehmen.

- In der Schwangerschaft sollte zur Gänze auf Alkohol – und damit auch auf Wein – verzichtet werden.

Vive la „French Paradox"?

Der simple Zusammenhang zwischen Rotweinkonsum und Lebenserwartung in Frankreich – statistischer Trugschluss.

Normalerweise wird mit einem Paradoxon ein eigentlich unerklärlicher Sachverhalt beschrieben. Nicht so das „French Paradox". Das ist, glaubt man weit verbreiteten Erklärungsmustern, nachgerade zum Synonym für eine wissenschaftliche Erkenntnis geworden – nämlich, dass Rotwein lebensverlängernd wirkt.

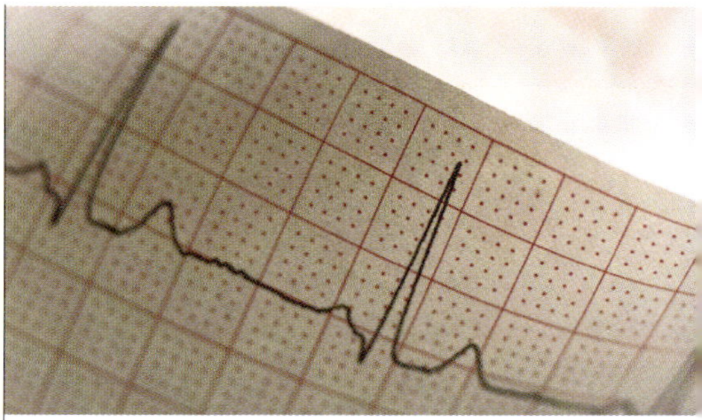

Wie kam es dazu? In den späten 1970er Jahren fiel Forschern der überall in der westlichen Welt beobachtbare Zusammenhang zwischen fettreichem Essen und hoher Herzinfarktrate auf. Überall – außer in bestimmten Gebieten Südfrankreichs. Der Mediziner Serge Renaud (dessen Eltern Weinbauern waren) publizierte in der angesehenen medizinischen Zeitschrift „The Lancet" eine Theorie, die diese Ausnahme mit dem Rotweinkonsum in Zusammenhang brachte, eine TV-Show in Amerika brachte die Theorie einem breiten Publikum näher – ab da kannte die Begeisterung in der Weinwelt keine Grenzen. Der vergorene Traubensaft geriet geradezu zum lebensverlängernden Mittel der Hausapotheke.

Allerdings, mittlerweile, nachdem sich die Aufregung über Renauds Erkenntnis gelegt hat wie der Rausch nach einer durchzechten Nacht, zeigt sich: Bei Renauld, wie auch bei vielen nachfolgenden Studien, war eher der Wunsch, Wein zum Gesundheitsturbo hoch zu stilisieren, Vater der Erkenntnis. So etwa relativierte das gleiche französische Institut, an dem Serge Renaud seine Aufsehen erregende These erforschte, seine Ergebnisse später als eine Folge der unscharfen Definition der Sterblichkeitsrate bei Herzerkrankungen in den betroffenen Gebieten.[1] Andere Forscher wiederum relativieren das „French Paradox" schon mal dahingehend, dass die positive Wirkung von Alkohol auf Herz-Kreislauf-Erkrankungen in Frankreich schon deshalb nicht so signifikant sein könne, wie gerne behauptet, weil der zu Vergleichszwecken als Mortalität steigernd eingestufte Käseverzehr (Fett) es in Wirklichkeit gar nicht ist.[2] Und wo keine besondere Belastung, da keine besondere entlastende Wirkung ...

Französisches Savoir-vivre

Allzu oft lassen die Interpretationen vieler Studien die wichtigsten statistischen Grundregeln unberücksichtigt. Etwa, dass der Rotweinkonsum nur einer von vielen Lebensstilfaktoren in der beobachteten Stichprobe ist. Nur weil viele Franzosen die Automarken Citroen und Peugeot bevorzugen, würde niemand auf die Idee kommen, diesem Faktum eine lebensverlängernde Wirkung zuzuschreiben.[3]

Wenn ein Zusammenhang zwischen niedriger Sterblichkeitsrate von Herzerkrankungen und Rotwein besteht, dann jener zu einem damit verbundenen – mediterranen – Lebens- bzw. Ernährungsstil[4], lautet die mittlerweile viel plausiblere Interpretation. Das „French Paradox" lässt sich nämlich auch so formulieren: Alkohol in Form eines Glases Rotwein täglich stört die Auswirkungen eines (lebensverlängernden) gesunden Lebensstils mit reichlich Entspannung, geselligem Leben und vielen ungesättigten Fettsäuren wie Olivenöl nicht.

Diese Erklärung ist unter dem Namen „Ordnungstheorie"[5] bekannt und lässt sich auch in anderen Bereichen beobachten: Bestimmte Lebensstilerscheinungen (wie unter anderem das Weintrinken) zeugen von einer guten sozialen Verankerung im jeweiligen Umfeld; diese wiederum ist verantwortlich für ein geordnetes Lebensgefühl und das wiederum ist lebensverlängernd. Ein Indiz für die Stichhaltigkeit der „Ordnungstheorie" sind Studien aus anderen Kulturkreisen – wie etwa eine Untersuchung aus Schanghai[6] zeigt –, die den gleichen Zusammenhang für das jeweils anerkannte Nationalgetränk – in diesem Fall Reiswein – herstellen. Mit anderen Worten: Wer sich jeden Tag eine halbe Stunde hinsetzt, um bei einem Glas Rotem Johannisbeersaft die Ereignisse des Tages (unter Umständen im sozialen Kontakt – wie die Franzosen) Revue passieren zu lassen, hat denselben lebensverlängernden Effekt.

43 Statistische Trugschlüsse

Zudem leiden viele wissenschaftliche Studien-Interpretationen rund um den Wein an so genannten Artefakten, also nicht gerechtfertigten Rückschlüssen, die die tatsächlich beobachtbaren Zusammenhänge verdrehen. Denn alleine die Tatsache, dass bei den untersuchten Herzinfarkt-Toten wenige Rotweintrinker sind, heißt laut statistischen Grundregeln umgekehrt noch lange nicht, dass Rotweintrinker auch grundsätzlich länger leben. Dazu müsste erst eine andere Grundgesamtheit untersucht werden – nämlich die Lebenden, nicht die Toten.

Dieser Fehlschluss wird vor allem bei der Interpretation vieler so genannter J-Curves – die graphische Darstellung einer Zahlenreihe in Form einer Kurve – in Alkoholuntersuchungen gemacht. Bei der Untersuchung zu Todesfällen oder Krankheitsrisiken wird oft folgendes Phänomen festgestellt: In der Gruppe der alkoholabstinent Lebenden finden sich mehr Problemfälle (also etwa Erkrankungen) als in der Gruppe der Mäßig-Trinker.

Noch mehr Problemfälle gibt es dann nur noch in der Gruppe der Missbrauchstrinker – daher die Kurvenform der Statistiken in Form eines leicht gekippten „J". Auch wenn die Weinwirtschaft ob des scheinbaren Arguments zugunsten mäßigen Alkoholkonsums jubelt, sind Bedenken ob dieser Interpretation angebracht.

Eine amerikanische Untersuchung fand zum Beispiel bei einer Überprüfung einer Stichprobe (230.000 Amerikaner) heraus, dass bei damals befragten Alkoholabstinenten aus nicht näher erklärbaren Gründen weit mehr Risikofaktoren für Herzerkrankungen (Bewegungsmangel, Übergewicht usw.) zu finden waren. Diese Erkenntnis erklärt viel eher den Zusammenhang mit erhöhten Herzerkrankungen in dieser Gruppe und macht den simplen Umkehrschluss, der Alkoholkonsum der Vergleichsgruppe verhindere sie, einigermaßen unglaubwürdig.[7]

Auch die Autoren im „Handbuch Alkohol – Österreich" beschrieben ihre Skepsis am Beispiel der „Grand Rapid Studie" über Todesfälle beim Autofahren und Alkohol.[8] Auch dabei gab es – zum Entsetzen vieler Puristen – eine typische J-Curve: Bei der Unfallanalyse stellte man fest, dass die zahlenmäßig kleinste Gruppe jene der mäßig Alkoholisierten war (bis zu 0,5 Promille). Die Abstinenzler stellten die zweitgrößte Gruppe. Der Umkehrschluss liegt auf der Hand: Mäßig Trinken senkt das Unfallrisiko – ist aber grundfalsch. Denn selektiert man nicht die Unfallfahrer, sondern die Grundgesamtheit aller Fahrer nach ihren Trinkgewohnheiten, dann stellt sich der wahre Sachverhalt heraus: Abstinente verursachen grundsätzlich weniger Unfälle. Aber: Nachdem weitaus mehr Menschen nüchtern Auto fahren (zum Glück) als alkoholisiert, ist es nur logisch, dass sie in der Unfallstatistik absolut gesehen ein wenig vorne liegen. Was relativ nichts aussagt. Vorsicht also bei einer allzu rauschenden Auslegung einer Weinstudie. Sie kennen doch das Bonmot: „Traue keiner Statistik, die du nicht selbst gefälscht hast." Das wird Winston Churchill in den Mund gelegt. Obwohl es von Nazi-Propagandaminister Joseph Goebbels stammen soll, der den englischen Premier damit in Misskredit bringen wollte. Angeblich!

Das können Sie glauben:

- Weniger der Rotwein als das französische Savoir-vivre erklärt das „French Paradox".
- Der statistische positive Zusammenhang zwischen Rotweinkonsum und Lebenserwartung der Franzosen ist genauso zutreffend wie der Zusammenhang mit deren bevorzugten Automarken Renault oder Citroen – also etwas zu vereinfachend.
- PR-Strategen für das Weinbusiness schreiben den Rotweinboom der letzten Jahrzehnte vorwiegend dem Mythos vom „French Paradox" – ein Begriff, der in einer amerikanischen Talkshow erstmals verbreitet wurde.
- Viele Wein- und Alkoholstatistiken arbeiten mit einer falschen Untersuchungsgruppe: Mit den Problemfällen, statt mit der Grundgesamtheit der Bevölkerung.

Wein ist nichts für Diabetiker?

Auch wenn das über Jahrzehnte so behauptet wurde – jüngste Forschungen sagen etwas anderes.

Bisher galt: Wein ist schlecht für Diabetiker. Denn Alkohol ist ein Nervengift und bei diesbezüglich ohnehin gefährdeten Diabetes-Patienten eine Verschärfung der Gefahr.

Außerdem gilt Alkohol bei erhöhtem Triglycerid-Spiegel (Blutfettsäuren) als äußerst schädlich, was ebenfalls bei Diabetikern häufig vorkommt; weiters beeinträchtigt Alkohol die Fähigkeit der Leber, bei sinkendem Blutzuckerspiegel Glukose auszuschütten, was gerade bei Diabetikern, die Insulin spritzen oder zuckersenkende Mittel einnehmen, zum Problem werden kann; und nicht zuletzt vermindert Alkohol die Wahrnehmungsfähigkeit des eigenen Befindens und möglicher Warnstufen einer Hypoglykämie genannten Unterzucker-Reaktion.

Abgesehen davon, dass im Zusammenspiel mit Alkoholkonsum solche Symptome einer Hypoglykämie sowohl vom Diabetiker selbst als auch von seiner Umgebung als Alkoholisierung und damit falsch interpretiert werden können.[1]

Doch nicht so schlecht?

Ein Horror-Szenario also, das Mediziner, Internisten und Diabetologen über Jahrzehnte hin dazu veranlasste, Diabetiker vor dem Konsum von Alkohol im Allgemeinen und Wein im Speziellen zu warnen. Wobei genau in diesem Punkt der entscheidende Unterschied zu finden ist, denn Wein verfügt erstens über einen vergleichsweise geringen Alkoholgehalt, zweitens über wenig Kalorien und im Falle trockenen Weins darüber hinaus kaum über Zucker – was das österreichische Weingesetz zum seltsamen Entschluss bewog, für Weine mit höchstens vier Gramm Restzucker die wenig Appetit anregende Bezeichnung „Diabetikerwein" zuzulassen.[2] Die allermeisten österreichischen Weine fallen übrigens in diese Kategorie.

„Ahrwein-Studie"

Dass ein bisschen trockener Wein im Falle einer Diabetes-Erkrankung aber nicht bloß geduldet, sondern womöglich sogar verordnet werden kann, darauf lassen jüngste Forschungsergebnisse schließen: Denn abgesehen von den ohnehin schon länger bekannten positiven Auswirkungen gerade des Rotweins auf die generelle Stoffwechselsituation, den Blutdruck und das kardiovaskuläre System versuchten Wissenschafter des deutschen Bad Neuenahrer Krankenhauses unter der Leitung von Chefarzt Gerhard Kreuter und dem Diabetologen Karl-Heinz Hauser im Auftrag der Deutschen Weinakademie in der so genannten „Diabetes Ahrwein-Studie" eine direkte positive Beeinflussung von Diabetes durch Weinkonsum nachzuweisen.[3]

80 Diabetes-Patienten des Typs 2 (Altersdiabetes) konsumierten dabei nach einer zweiwöchigen Abstinenzphase mit anschließender Erhebung der Blutwerte täglich 300 ml deutschen Spätburgunder zum Essen. Nach sechs Wochen wurde wieder gemessen und die Ergebnisse erwiesen sich als vergleichsweise sensationell: Der Blutzucker-Stoffwechsel der Diabetiker wurde durch den Wein nicht beeinflusst, es kam weder zu relevanten Anstiegen noch zu Absenkungen des Blutzuckers; allerdings verbesserten sich durch den Weinkonsum die Blutfettwerte, und zwar stieg der HDL-Wert in signifikantem Ausmaß, wohingegen der Wert des schädlichen LDL-Cholesterins absank. Auf den Triglycerid-Wert nahm der Weinkonsum keinen Einfluss, festgestellt werden konnte aber ein Absinken des

Gerinnungsstoffes Fibrinogen, der für Thrombosen verantwortlich gemacht wird.

Zusammengefasst besagte die Studie somit, dass sich mäßiger Konsum von Wein, insbesondere Rotwein, bei Diabetikern nicht nur nicht schädlich, sondern im Gegenteil sogar als positiv herausstellte.

Das können Sie glauben:

- Wie bei Nichtdiabetikern gilt auch bei Diabetes-Patienten: Ein oder zwei Gläser Wein pro Tag können erstens nicht schaden und zweitens eher nützen.

- Mit unter vier Gramm Restzucker pro Liter sind die meisten österreichischen Weine amtlich für Diabetiker zugelassen.

Den Rausch ausschlafen?

Kaum eines der vielen überlieferten Hausmittel gegen einen Kater wirkt wirklich.

So teuer ein Rausch manchmal auch sein kann (sowohl bei seiner Entstehung, wie auch bei seinen Auswirkungen) – eines ist meist gratis: Der gute Ratschlag, wie denn die Nachwirkungen der Alkoholvergiftung (bereits eine Konzentration von 1,4 Promille Blutalkohol wird medizinisch gesehen als akute Vergiftung gewertet)[1] auf Kopf und Kreislauf gemildert werden können. Allerdings: Viele der über Generationen weitergegebenen Geheimtipps gegen den wohl beinahe jedem bekannten „Kater" sind nicht mehr als Mythen oder Wein-Lügen, wollte man versuchen, mit ihnen die Auswirkungen von Alkoholmissbrauch zu bagatellisieren

Körperlich ist der Abbau von Alkohol durchaus Schwerarbeit.[2] Ein Enzym namens Alkoholdehydrogenase (ADH) schafft es etwa 0,1 Gramm Alkohol pro Kilogramm Körpergewicht und Stunde abzubauen. Wird mehr konsumiert bzw. ist der Anteil der so genannten Fuselalkohole (sie sind vor allem in süßen Likören und schweren Rotweinen für das Bukett verantwortlich) besonders hoch, entstehen giftige Zwischenprodukte wie Acetaldehyd. Nicht nur, dass diese seit kurzem sogar in Verdacht geraten sind, Erbgut schädigend zu wirken und

somit Krebs auslösen zu können.[3] Schon länger ist geklärt, wie sie die Gehirnfunktion bzw. das zentrale Nervensystem, den Kreislauf und in direkter Wirkung auch das Gleichgewichtsorgan im Innenohr stören. Auch der Magen wird durch Alkoholübergenuss deutlich in Mitleidenschaft gezogen. Zudem entzieht Alkohol durch Entwässerung Salze – alles zusammen verursacht den Kater.

Drei Tage Hang-over

Damit ist auch klar, warum etwa mit dem Rat, den Rausch einfach auszuschlafen, am nächsten Morgen noch lange nicht alles gut ist: Wer spät schlafen geht (soll unter Alkoholeinfluss häufig vorkommen), kann durch die begrenzte Alkoholabbaufähigkeit der Leber am nächsten Morgen noch deutlich mehr

Restalkohol im Blut haben, als es die Straßenverkehrsordnung und die Vernunft erlauben – mit allen bekannten Beeinträchtigungen. Eine Studie an Piloten[4] ergab höhere Fehlerquoten sogar noch drei Tage nach dem Alkoholkonsum.

Übergewichtige können – trotz höherer Körperfettwerte und darauf aufbauenden wohlmeinenden Empfehlungen – nicht damit rechnen, dass Alkohol schneller oder weniger belastend abgebaut wird. Im Gegenteil: Bei ihnen kommt es häufiger zu Kreislaufbeschwerden[5]. Das Gleiche gilt für den Tipp, nach Alkoholübergenuss starke körperliche Arbeit zu verrichten: Außer Kreislaufbelastung hat dies wenig Auswirkungen. Und Kreislaufbelastung mit Kater kann sogar – etwa bei einem Saunabesuch – tödlich enden.[6]

Alkoholschock

Auch starker Bohnenkaffee oder eine kalte Dusche haben physiologisch so gut wie keine Anti-Kater-Wirkung – schon weil beide Mittel entgegengesetzte körperliche Auswirkungen haben. Koffein weitet die Blutgefäße sehr rasch – das kann zu einem richtigen Alkoholschock führen, weil die Alkohol abbauende Leber plötzlich viel schneller versorgt wird. Beim Duschen mit kaltem Wasser verengen sich die Blutgefäße. Das verlangsamt den Alkoholabbau – am Promillegehalt im Blut ändert das allerdings nichts. Das gilt auch für den Ratschlag, fette oder ölige Sachen zu essen – das verlangsamt tatsächlich die Blutaufnahme von Alkohol, ändert allerdings nichts daran, dass alles über die Leber abgebaut werden muss.

Zucker wiederum – speziell Traubenzucker – soll angeblich die Leistung der Leber anregen: Der Einfluss auf den Alkoholabbau dadurch ist jedoch marginal. Auch Mittel, die an sich gegen die Symptome wirken, wie etwa Aspirin, oder weitere alkoholische Getränke sollten nicht bedenkenlos eingesetzt werden, warnen Mediziner. Zusätzlicher Alkohol und Medikamente belasten die Leber erst recht und zögern somit den Alkoholabbau hinaus.

Das können Sie glauben:

- Ein Kater nach Alkoholübergenuss ist auch mit dem sichersten aller Geheimtipps nicht einfach zu verjagen – die Vorbeugung durch maßvollen Konsum ist wirkungsvoller.
- Am besten wirken leichte Spaziergänge an der frischen Luft, die den Kreislauf sanft ankurbeln und die Sauerstoffversorgung des Gehirns verbessern.
- Viel trinken und salzige Produkte helfen, das durch den Flüssigkeitsentzug entstandene Ungleichgewicht im Mineralstoffhaushalt des Körpers auszugleichen.

Wein, reine Männersache?

Zum Ärger aller Machos könnte die geschlechterspezifische Biologie beim Verkosten durchaus eine Rolle spielen.

In aufgeklärten Verkostungsrunden macht das Gerücht schon lange seine Runden: „Weißt eh, eigentlich können Frauen viel besser Wein verkosten als Männer." Die Realität beruhigte männliche Ur-Ängste jedoch schnell wieder – denn im wirklichen Leben ist Wein Männersache. Die Befürchtungen sind aber durchaus berechtigt, denn es gibt Unterschiede zwischen Männern und Frauen, sowohl was Physiologie als auch was Sozialisation im Weinbusiness betrifft. Und diese Unterschiede lassen Frauen eigentlich als die geeigneteren Weinverkoster erscheinen.

Denn wie Linda Bartoshuk, Professorin für Psychologie in Yale, 1997 erforschte, gibt es unter den Frauen mehr so genannte „Super-Taster" als bei Männern.[1] Ein Super-Taster ist man dann, wenn man auf seiner Zungenspitze an die 30 Geschmackspapillen auf der Fläche eines Konfettis besitzt. Im Gegensatz zu einem „Mon-Tasters" (fünf Papillen) oder einem „Middle-Taster" empfinden diese Superschmecker Aromen weitaus intensiver und schon in schwächeren Dosierungen. 35 Prozent aller Frauen sind solche „Super-Taster", nur zehn Prozent der Männer.

Außerdem, so ergänzt Bartoshuk, habe man festgestellt, dass „Super-Taster" auch bei der Empfindung von Gerüchen sensibler seien, wenngleich nicht in gleichem Maße. Und Frauen verfügten während des Eisprungs ohnehin über eine besonders gesteigerte Geruchswahrnehmung, wie Professor Tim Jacob von der Cardiff University herausfand.

Aber auch im Herangehen an die Aufgabe hätten Frauen die besseren Voraussetzungen, sieht etwa Eveline Eselböck, Patronin und Sommelière im burgenländischen Restaurant Taubenkobel, die regelmäßig auch Verkostungstrainings und Weinseminare für Frauen abhält, deutliche Unterschiede in der Degustations-Performance von Männlein und Weiblein. „Frauen sind spontaner“, sagt sie, „und wie man weiß, ist der erste Eindruck beim Weinverkosten der richtige. Männer überlegen länger herum, um nur ja nichts Falsches zu sagen – und da haben sie schon verloren.“ Und Jancis Robinson – immerhin Weinkorrespondentin der Financial Times und Herausgeberin des Standardwerkes „Oxford Wein Lexikon“ – ist sich sicher: „Ich könnte Hunderte Beispiele und Anekdoten anführen von männlichen Weinproduzenten in der ganzen Welt, die mir gestanden haben, ihre Frauen und Freundinnen seien die besseren Weinprüfer.“[2] Frauen hätten zwar rein physiologisch gesehen die besseren Voraussetzungen, Weine beurteilen zu können, dennoch ist die Weinwelt (zumindest in den romanischen – also den für Wein wichtigsten – Ländern) fest in Männerhand.

Das liegt zum einen daran, dass bei der Degustation eine gute Nase und sensible Papillen zwar eine Grundvoraussetzung sind, aber eben nicht mehr. „Sind ‚Super-Taster‘ auch die besseren Weinverkoster?“, wurde Bartoshuk gefragt: „Nein“, sagte sie im Interview mit Jamie Goode, denn Verkostung sei eher eine Frage des Lernens und der Fähigkeit, bestimmte Gerüche bestimmten Faktoren zuordnen zu können. „Die Fähigkeit, Gerüche zu erkennen, hängt stark von der Kenntnis der Geruchskomponenten und der Bereitschaft ab, diese zu unterscheiden“, schreibt auch Jens Priewe in seinem „Weinwissen“. Riechschärfe ist also, zumindest beim Wein, trainierbar.[3] Dazu aber gehört ein gerütteltes Maß an Übung – und da haben Frauen (mit Ausnahmen natürlich) durchaus Aufholbedarf.

Entspannter Umgang mit Wein

Zum anderen – und das gilt außer für Wein wohl für viele andere Bereiche auch – haben Frauen einen emotional anderen Zugang zum Thema. „Frauen gehen viel entspannter an das Thema Wein heran, für Frauen ist die Wahl eines Weins kein Statussymbol“, meint Robinson im Gespräch mit Andreas März, Chefredakteur der renommierten Wein-Zeitschrift Merum.[4] Und genau diese Zurückhaltung bzw. der geringer ausgeprägte Ehrgeiz beim Thema Wein mag die Ursache für die männliche Dominanz sein – wie beim Autofahren, das Frauen rein statistisch ja auch besser können, in der Formel 1 aber noch nie gewonnen haben.

Das können Sie glauben:

- Versuchen Sie nicht, mittels Wein einen Gender-Konflikt vom Zaun zu brechen, da gibt's geeignetere Themen.
- Nötigen Sie keine Frau, Sekt mit Fruchtsirup, Rosé oder süßen Muskateller zu trinken, und lachen Sie über keinen Mann, dem junge Tannin-Granaten womöglich untrinkbar erscheinen. Wenn jemand mit Ihnen über Wein reden will, nehmen Sie ihn ernst, egal ob Mann oder Frau.
- Machen Sie Linda Bartoshuks „Super-Taster“-Test – und trainieren Sie Ihr Sensorium, wenn Sie Middle- oder Non-Taster sind, bzw. üben Sie sich in Bescheidenheit und Demut, sollten Sie „Supertaster“ sein.

Weinskandal, der alt bekannte?

1985 – skandalös. Übersehen jedoch wurden die Praktiken deutscher Weinabfüller und ein zweiter Weinskandal.

Der so genannte Weinskandal, der 1985 in zwei Wellen über Österreichs Weinszene rollte, war gewissermaßen ein reinigendes Fegefeuer: Bis dahin wurden Qualitätskontrollen „im Sinne der Förderung der Wirtschaft“ nämlich reduziert, Augen zugedrückt, seit 1981 bestehenden Verdachtsmomenten gegen einzelne Pantscher nicht nachgegangen bzw. die Verfolgung unterdrückt und warnende Stimmen überhört, wie der ehemalige Kellereiinspektor Walter Brüders in seinem Buch detailliert beschreibt.[1]

Der Reihe nach: Am 21. Dezember 1984 gelangte von anonymer Seite ein Fläschchen mit einer Mischung aus 20 Prozent Ethylenglycol und 22 Prozent Diethylenglycol an die Abteilung Getränkeanalytik der Landwirtschaftlich-chemischen Bundesanstalt und zu dessen Leiter Franz Bandion, der damit einen lange gehegten Verdacht bestätigt sah und ein erstes Verfahren zum Nachweis der Substanz in Wein entwickelte. Ende Jänner war es so weit: Ab März 1985 wurden Weinproben von verdächtigen Großkellereien im Burgenland eingeholt, von 38 Proben erwiesen sich 34 als positiv. Weine wurden sichergestellt, Personen verhaftet.

Bis dahin war in puncto Skandal in der Öffentlichkeit noch nicht viel passiert. Doch durch ungeschicktes strategisches Vorgehen – vornehm formuliert – erhielten zahlreiche kleine und große Pantscher die Möglichkeit, ihre verfälschten Weine so weit mit „sauberer Ware“ unter die damals vermutete Nachweisbarkeitsgrenze von 200 mg/l zu verschneiden. Man sorgte damit für unglaubliche Mengen von verfälschtem Wein, die dank rascher Verbesserung der Messmethoden (auf 5 mg/l) erst recht als „Glykolwein“ entlarvt werden konnten. Und zwar erst in der nächsten Handelsstufe:

Abverkauf nach Ermittlungsbeginn

Die im Glauben der Nichtnachweisbarkeit schnell in Umlauf gebrachten Weine erreichten nämlich Deutschland, wo sie von deutschen Abfüllern – unter welcher Bezeichnung auch immer – einfach verschnitten, abgefüllt und in Verkehr gebracht wurden. Nach heutigem Dafürhalten eigentlich ebenfalls ein Skandal, „aber damals war das im Weinhandel halt üblich", erklärt der heutige Weinbaupräsident Josef Pleil.

Am 9. Juli sprach das deutsche Bundesgesundheitsministerium schließlich eine Warnung vor Wein aus Österreich aus[2], die Bild-Zeitung titelte „Frostschutz-Wein bei Omas Geburtstag – 11 vergiftet"[3], die Kronen-Zeitung entdeckte ebenfalls einen „tödlichen Eiswein"[4], der Kurier machte auf mit „Deutscher starb an vergiftetem Wein"[5]. Zwar eine Ente nach der anderen, aber die Hysterie war nicht zu stoppen, vor allem sah die österreichische Bundesregierung ihr Heil eher darin, in den Chor der Hysteriker noch einzustimmen, anstatt klarzustellen, dass auch hochgradig mit Glykol versetzte Weine zwar nicht die feine englische Art, gesundheitlich aber einigermaßen unbedenklich sind, wie unter anderem Karl Fellinger, Vorstand der 2. Medizinischen Universitätsklinik in Wien, erläuterte.[6]

Die Folge war einerseits der völlige Zusammenbruch des Exportmarktes für österreichischen Wein (Griechenland etwa untersagte die Einfuhr) und andererseits die mediale Darstellung Österreichs als Pantscher-Nation schlechthin, womit freilich von einigen anderen, größeren Weinskandalen, die ebenfalls zu dieser Zeit stattfanden, abgelenkt werden konnte. Josef Pleil erinnert sich etwa an den italienischen Methylalkohol-Skandal, bei dem mindestens 20 Menschen starben, oder die Versetzung von Weinen mit dem Konservierungsmittel Natriumacid – das auch ein Nervengift ist – in Frankreich, Spanien und Deutschland.

Kunstweinskandal blieb unentdeckt

Allerdings: In gewissem Sinne profitierte auch Österreich, wie ein ungenannt bleiben wollender Informant aus der Bundeskellereiinspektion wissen lässt. Und zwar nicht nur durch einen kompletten Neustart inklusive des nachfolgenden „Weinwunders" mit bis dahin ungeahnten Qualitäten und nicht gekanntem Renommee. Sondern auch dadurch, dass der weitaus größere Weinskandal als die Pantsch-Affäre mit Diethylglykol nämlich die damals industriell in Österreich hergestellten „Kunstweine", die massenhaft und nach abenteuerlichen Rezepten zusammengemischt wurden, sich der medialen Aufmerksamkeit entzogen. Durch die Kunstweine konnten die enormen Schwarzverkäufe der Großkellereien vertuscht werden, die nach dem Wegfallen der alten Weinsteuer und der damit einhergehenden Kontrollen üblich wurden.[7] Doch die Zeitungen liebten ihren Glykol-Skandal, die Tatsache, dass damals laut Schätzungen bis zu 35 Prozent allen österreichischen Weins „Kunstwein" war[8], ging unter.

Das können Sie glauben:

- Misstrauen Sie hysterischen Medienkampagnen grundsätzlich.

- Wenn Sie Wein kaufen, der über ein gewisses garantiertes Qualitätsniveau verfügt (staatliche Kontrollen, DOC, AO, AOC) und für einen Preis zu haben ist, bei dem man sich nicht die Frage stellen muss, wie sich darum überhaupt ein Korken ausgehen kann, sind Sie auf der sicheren Seite.

Das strengste Weingesetz der Welt?

Im Zweifelsfall werden eher Grenzwerte verschoben als Ertragseinbußen riskiert.

Es gibt wohl nichts, was in Zusammenhang mit österreichischem Wein so oft verwendet wird wie der Slogan von „einem der strengsten Weingesetze der Welt". Dem durchschnittlichen Konsumenten wird suggeriert, dass sich österreichische Weinbauern ohne Rücksicht auf Verluste (im wahrsten Sinn des Wortes) an einem in Paragraphen gegossenen Winzerethos orientieren müssen – besonders mit dem bedeutungsschwangeren Zusatz „nach dem Weinskandal". Allerdings: Diese Message ist – zumindest im Europa-Vergleich – so nicht mehr richtig. Neben durchaus vorhandenen Kontrollfunktionen geht es bei den gesetzlichen Spielregeln derzeit darum, dem Winzer die Herstellung eines verkaufbaren Produkts kostengünstig zu ermöglichen. Punkt.

Das österreichische Weingesetz ist stark von der wirtschaftlichen Seite geprägt. Es passt sich in weiten Strecken den Praktiken der Winzer an, nicht umgekehrt. Im Zweifelsfall wird ganz offiziell eher ein Grenzwert verschoben, als eine Ernteeinbuße in Kauf genommen. Das ist durchaus verständlich, aber – so das Problem aus Sicht des Konsumenten – es entspricht nicht dem so gern vermarkteten Image. Was oberste Bauernvertreter auch erkennen. Josef Pleil, Präsident des Österreichischen Weinbauverbandes: „Ich bemühe mich mittlerweile, den Begriff vom strengsten Weingesetz der Welt nicht mehr zu verwenden."

Philip Ricoux, Franzose, Önologe und als einer von wenigen österreichischen „flying winemakers" Berater verschiedener burgenländischer Winzer, kennt den internationalen Vergleich und meint: „Dass das Weingesetz in Österreich besonders streng ist, ist eine Legende." Eine Legende, die ihren Ursprung wohl darin hat, dass das Weingesetz in Österreich nach dem Weinskandal von 1985 für die damalige Zeit tatsächlich eher streng formuliert wurde (Weinbauern-Chef Pleil: „Das war nicht umzusetzen").

Nach dem EU-Beitritt musste Österreich dann die teilweise großzügiger gefassten europäischen Spielregeln einführen. Zunächst mit der Anpassung des Weingesetzes im Jahr 1999, später mit weiteren Gesetzesveränderungen. So etwa stufte die Weingesetznovelle 2000 das Süßen von Prädikatswein von einem Gerichtsdelikt zu einer Verwaltungsübertretung herunter und eine Ausnahmeregelung erleichterte die Verwendung gebietsfremder Trauben. Die Novelle 2002 etwa lockerte die Bestimmung zur Süßung. Die Novelle 2003 vereinfachte „Großversuche", mit denen es möglich wird, neue Technologien (z. B. Holzchips) einzusetzen, die per Gesetz nicht erlaubt sind. Bei den Weinbezeichnungen fiel überhaupt das strenge „Verbotsprinzip" weg. 2004 wurde die Obergrenze für den Alkoholgehalt nach Aufbesserung aufgehoben.[1]

Aufzuckern erlaubt

Doch auch grundsätzlich wird in Österreichs Weinkellern lange nichts so heiß gegessen, wie von Marketingverantwortlichen und Politikern gerne gekocht. Durchschnittliche Konsumenten mag es etwa verwundern, dass die (geregelte) Zugabe von (natürlichen) Süßstoffen bei der Produktion von (Qualitäts-)Wein in Österreich gesetzlich durchaus erlaubt ist (siehe auch Kapitel: Süße Sünden?).[2]

Zwei Varianten sind denkbar: Zum einen mit Rübenzucker vor der Gärung im Most – die so genannte Chaptalisierung. Das erhöht später den Alkoholgehalt. Oder nach der Gärung im fertigen Wein (nur mit Süßmost oder Mostkonzentraten), das erhöht direkt die schmeckbare Süße. Beides ist möglich.

Im Unterschied zu Italien etwa (und allen anderen Weinbauregionen, die laut EU-Einteilung je nach Witterungsvoraussetzung in die Weinbauzonen C1b und höher eingestuft sind), wo Trauben bis zu (umgerechnet) acht Prozent Alkoholgehalt natürlich reifen müssen (und Zucker generell verboten ist), darf in Österreich schon ab sechs Prozent nachgeholfen werden – auch bei so genannten Qualitätsweinen.[3] In Deutschland schon ab fünf Prozent.

Gesetzeslücke wie ein Spund

Stichwort moderne Kellertechniken. Österreich kann sich auch diesbezüglich nicht von dem Rest der EU abkapseln. Was europaweit erlaubt ist – etwa Konzentrationsmethoden wie die Umkehrosmose – ist auch in Österreich erlaubt. Und was EU-weit verboten ist, ist auch hierzulande verboten – etwa die Verwendung von Holzchips zur Erlangung von Barrique-Noten im Wein. Aber auch die Ausnahmen sind EU-weit geregelt: Mit einer Genehmigung kann so gut wie jeder Antragsteller (Anträge sind zu genehmigen, wenn nach Stand der Forschung keine gesundheitlichen Schäden zu erwarten sind) einen so genannten „Großversuch" starten – und so das Verbot der Holzchips umgehen (siehe Kapitel „Nur Barrique ist schick?"). Diese Praxis ist im Vergleich zu anderen Gesetzesmaterien der Wirtschaft keine Lücke, sondern ein Loch wie der Auslass-Spund eines 1500-Liter-Fasses. Ähnlich wie die grundsätzlich verbotene Weingartenbewässerung – die EU gesteht hier (nicht nur) Österreich der geologischen Voraussetzungen wegen eine Reihe von Ausnahmeregelungen zu (etwa: Wachau).

Eine besonders listige Variante der Gesetzesinterpretation fiel Juristen etwa im Jahr 2003 ein. Das Problem damals: Die Witterung setzte den natürlichen Säuregehalt des Mostes so stark herab, dass die Gefahr einer Fehlgärung stark gestiegen war. Nur: Dasselbe Produkt gleichzeitig süßen (wie etwa zur Restalkoholerhöhung) und mit Säure versetzen ist an sich verboten. Die Lösung: Man definierte Most und den daraus später gewonnenen Wein als „nicht dieselben Erzeugnisse". Damit durfte Most plötzlich zuerst mit Säure versetzt und dann – nach der Vergärung juristisch zu einem anderen Erzeugnis (Wein) geworden – mit Mostkonzentraten gesüßt werden.[4]

Legaler Etikettenschwindel

Das Weingesetz lässt auch genügend Möglichkeiten offen, auf dem Etikett undeklariert verschiedene Chargen zu mischen (etwa, weil das Rohprodukt ausgegangen ist oder zu wenig süß war oder eine Charge ein bisschen dünn, oder, oder) – was vielleicht weniger Spitzenwinzer betrifft als Hersteller von Massenweinen. So können etwa von einer Flasche Qualitätswein ein bis zwei Volumprozent Süßmost sein. Ungenannt. Zusätzlich darf auch noch zu 15 Prozent eine andere Sorte zugefügt sein. Und zu weiteren 15 Prozent sind laut Weingesetz auch andere Jahrgänge (aber der gleichen Sorte) erlaubt.[5] In Summe sind unter Umständen bis über 30 Prozent andere Weine in der Flasche drinnen, als außen draufsteht – ganz legal, ohne dass dies dem Konsument verraten werden muss. Wie ein VW mit Skoda-Motor. Kommt vor, aber keiner sagt, Österreich hätte das strengste Automobilgesetz der Welt.

Ein Sonderfall sind „mangelhafte Weine" (die erste von vier Fehlerstufen laut Weingesetz), die überhaupt ohne Grenzwert vermischt und in Verkehr gebracht werden dürfen. Einzige Bedingung: Den ursprünglichen Fehler darf man nicht mehr rausschmecken[6] und sie werden als Tafelwein (ab)klassifiziert (das heißt ohne Jahrgang- und Sortenbezeichnung).

Einer Branche, die unter einem der strengsten Weingesetze der Welt „leidet", sieht man auch nicht an, dass verschiedene Grenzwerte keine unverrückbaren Fixpunkte sind. Je nach Witterung etwa können die EU[7], oder auch das Landwirtschaftsministerium per Verordnung die Grenzwerte für Anreicherungen raufsetzen. Oder Säuerungswerte. Oder die Intervalle in den Spritzplänen (Schädlingsbekämpfungsmittel) im (EU-)Bio-Weinbau verdichten. Oder die Menge an erlaubtem Traubenzukauf (etwa bei Ernteausfällen nach Unwettern) erhöhen. Oder die Prüfung flüchtiger Säure bei der staatlichen Prüfnummernvergabe lockern.

Verwirrung statt Klarheit

Auch wer dachte, Wein bestünde aus Weintrauben eines Weinbauern, liegt falsch. Für Qualitätsweine (also jeder zweite in Österreich in Verkehr gebrachte Wein) dürfen Trauben etwa aus ganz Niederösterreich oder Burgenland verwendet werden.[8] Und für Landwein muss es nicht einmal das gleiche Bundesland sein. Um den Mengenanforderungen in Lebensmittelhandel oder Gastronomie gerecht zu werden, wurde im Weingesetz 1999 etwa eine zusätzliche Großregion „Weinland" eingeführt. Klingt gut, heißt aber, dass Trauben aus ganz Niederösterreich und Burgenland (wo etwa 80 Prozent des österreichischen Weinbaus stattfinden) für einen Wein beliebig gemischt werden dürfen. Weine aus der Region „Bergland" etwa stammen nicht aus einem sonnigen Alpental, sondern können aus vermischten Trauben der Bundesländer Kärnten, Oberösterreich, Salzburg, Tirol und Vorarlberg produziert werden.[9] Ein internationales Schmankerl: Geht es nach dem EU-Weinrecht, können sogar Drittländer (bei entsprechender Erfahrung des produzierenden Weingutes) typische EU-Weine produzieren. Ein Barolo oder Brunello aus Chile – kommt immer häufiger vor.[10]

Im Vergleich zu anderen Gesetzesmaterien in der Agrarwirtschaft zieht sich durch das Weingesetz also ein gewisses Augenzwinkern – oder, wie es Winzerlobbyisten betonen, das Bemühen, Gesetze wirtschaftlich lebbar zu machen. Von dieser Flexibilität können etwa Bio-Getreidebauern oder Milchbauern, die mit weit strengeren Auflagen zu kämpfen haben, nur träumen.

Was nichts daran ändert – und so kommen wir zu den wahren Kernen dieser Wein-Lüge –, dass zum einen außerhalb Europas, in Übersee etwa, viele Bestimmungen noch viel lockerer ausgeprägt sind. Und zum anderen, dass eine Reihe von Bestimmungen den österreichischen Weinbauern tatsächlich zumindest zu einem der besser kontrollierten der Welt machen: Etwa wenn es um die zentrale Erfassung von Erntemeldungen, eine Beschränkung der Hektarerträge, die fassweise Vergabe staatlicher Prüfnummern bei Qualitätswein oder die staatliche Verplombung von speziellen Bearbeitungsgeräten im Weinkeller geht. Und in Italien dagegen, so erzählt man sich in den braven österreichischen Winzerkreisen, wurden eben 50.000 Hektar illegale Weingartenfläche entdeckt – was ungefähr der ganzen österreichischen Rebfläche entspricht.

Wein auf Bier auf Wein?

Die Trinkreihenfolge zur Kopfwehprophylaxe gibt es nicht – auf die Menge kommt es an.

Two beer or not two beer? Schwere Entscheidung für Durstige. Sogar „not to be"-Auskenner Hamlet hätte wohl ein Problem damit. Denn bleibt man nicht systemkonform beim einmal gewählten Getränk, wird es laut Volksmund kompliziert. Bier auf Wein: dringlich abzulehnen, Wein auf Bier: durchaus erlaubt. Also: not two beer, sondern one beer und dann wine.

Aber, wie so oft bei Weinmythen: „Wissenschaftlich gesehen hat dieser Irrglaube keine Grundlage", weiß Universitätsprofessor Wolfgang Marktl von Institut für Physiologie der Uni Wien, „aber es reimt sich halt."[1] Außerhalb deutschsprachiger Länder ist der Spruch überhaupt unbekannt.[2] Für eventuelle Kopfwehfolgen ist vor allem die Alkoholmenge- und qualität verantwortlich. Die deutsche Gesellschaft für Ernährung empfiehlt generell, wildes Durcheinandertrinken zu vermeiden. Speziell bei kohlensäurehaltigen Getränken, die schnelle Alkoholaufnahme im Blut provozieren und rasch zu einer Grenzwertüberschreitung führen könnten.

Der wahre Kern, warum Bier im Gegensatz zu Wein als Erst-Getränk passender sein soll: Bier wirkt etwa dank seiner bitteren Hopfen-Aromen appetitanregend und eignet sich somit besser als Aperitif.[3] Zudem sollte anfänglicher Durst wohl besser mit jenem Getränk gestillt werden, das weniger Alkohol hat. Andernfalls wäre die Gefahr des übermäßigen Konsums inklusive nachfolgenden Schädelbrummens um einiges höher. Zumal – so ein historischer Konnex – der Wein früher noch eine viel höhere Menge an Histaminen (biogene Amine, Verunreinigungen) enthielt, die durchaus Kopfschmerzen bereiten können. Damals galt Bier auch mehr als derbes Arme-Leute-Getränk, also ungeeignet als Nachfolgegetränk eines edlen Weines[4] – was Profiverkoster heutzutage allerdings ganz anders halten.

Eine kleine ernährungswissenschaftliche Erklärung für die Empfehlung, zuerst Bier und dann erst Wein zu trinken, und nicht etwa umgekehrt: Die Leber, Abbauorgan für Alkohol, wird durch Kohlenhydrate, wie sie auch im Bier enthalten sind, (zumindest geringfügig) entlastet. Der Weinalkohol trifft also nach dem Gerstensaft auf eine aufnahmebereite Leber. Andernfalls, so Helmut F. Ebersdobler, Professor für Lebensmittelkunde und Humanernährung an der Universität Kiel, bekomme die Leber den Alkohol ungebremst ab.[5]

Wein, Weib und Gesang?

Alkohol enthemmt und blockiert gleichzeitig – als Potenzmittel taugt er wenig.

Dass Alkohol nicht nur Beziehungsprobleme, sondern auch Beziehungen an sich hervorrufen kann, darf als bekannt angenommen werden. Wer hätte nicht schon die interessanten Wahrnehmungseffekte bemerkt, die zwei Gläser Rotwein bezüglich eines vorerst eher unscheinbaren Partners an einer Bar plötzlich hervorrufen können? So weit, so romantisch, so beziehungsstiftend. Allerdings: Der gleiche Wirkungsmechanismus lässt Alkohol auch ungeeignet als Aphrodisiakum erscheinen – denn auf das Zentralnervensystem hat Alkohol gleichermaßen anregende, wie sehr beruhigende, um nicht zu sagen, betäubende Wirkung. Mit dementsprechender Auswirkung auf Libido und Orgasmusfähigkeit.[1]

Anfangs reduziert Alkoholkonsum noch Hemmungen, auch sexuelle.[2] Denn bereits geringe Mengen setzen die Wahrnehmungsfähigkeit herab – was beim Autofahren den berühmten Tunnelblick hervorruft. In Bezug auf die Wahrnehmung eines potenziellen Sexualpartners bedeutet das: Nur mehr grobe Sexualsignale dringen durch – und eine im nüchternen Zustand viel feiner differenzierende Beurteilung fußt bei 0,2 Promille Blutalkoholgehalt nur mehr auf Umrissen (weiblichen oder männlichen, je nachdem) und sekundären Geschlechtsmerkmalen, was die Auswahl an Sexualpartnern erheblich vergrößert. So – umgangssprachlich ausgedrückt – kann man sich einen Partner „schöntrinken“. Geringe Alkoholmengen erhöhen zudem auch rein physiologisch die Durchblutung – was unter anderem direkt der Erektionsfähigkeit des Mannes zugute kommt.[3]

Das dünne Ende

Wirkt der Alkohol allerdings länger oder in höheren Dosen, kommt das dicke (oder, nun ja, „dünne“) Ende: Die Erektionsfähigkeit des Mannes kann sich bis zur vollständigen erektilen Dysfunktionalität[4] verringern. Auch bei Frauen kann durch erhöhten Alkoholkonsum die Orgasmusfähigkeit eingeschränkt sein – wirkt Alkohol doch dämpfend auf das Zentralnervensystem. Was Alkohol schon mal den Nachruf einbrachte, unter den bewusstseinserweiternden Rauschmitteln eine der „dümmsten" Drogen schlechthin zu sein – „wahrscheinlich einer der Gründe, warum gerade diese Droge in unserer Kultur zugelassen, ja sogar stark gefördert wird", spottet die Österreichische Gesellschaft für Sexualforschung.[5]

In der Regel senkt Alkoholkonsum jedenfalls das Sexualhormon Testosteron, sowohl beim Mann als auch bei der Frau – mit eben den erwähnten dämpfenden Auswirkungen auf die Libido. Unter bestimmten Voraussetzungen allerdings kann Alkohol den Testosteronspiegel auch heben, haben amerikanische Forscher zumindest im Rattenexperiment nun herausgefunden. Was allerdings wiederum nicht Alkohol als Aphrodisiakum nahe legt, sondern laut Studienautoren eine Erklärung für erhöhte Aggressivität bei Trunkenen liefert.[6]

Ein Gedanke genügt

Psychologen haben überdies herausgefunden, dass die anfangs aphrodisierende Wirkung von Alkohol nicht nur auf physiologische (also originär an den Wirkstoffen von Alkohol auf chemische Vorgänge im Körper orientierte), sondern auch auf psychische Phänomene zurückzuführen sein könnte.[7] Forscher der University of Missouri, Columbia, USA, bewiesen, dass bereits der Gedanke an Bier oder Wein das Sexualverhalten von Menschen verändert. Bei der Beurteilung von Fotos von Maturantinnen durch Studenten fanden sie signifikante Unterschiede, je nachdem, welche Worte oder Assoziationen den männlichen Probanden zuvor auf Computerbildschirmen präsentiert wurden. Jene der 82 Studenten, denen Wörter wie „Bier", „Wein", „Martini" usw. vorgeführt wurden, beurteilten die Mädchen hernach wesentlich attraktiver als jene Vergleichsgruppe, die mit Worten wie „Espresso" oder „Eiscreme" konfrontiert worden war.

Von „Wein, Weib und Gesang" bleibt somit als einziger wirklich schlüssiger Assoziationsbegriff Gesang übrig. Allerdings – ab einer gewissen Alkoholmenge scheint auch das höchst fraglich ...

Das können Sie glauben:

- Was der Tunnelblick beim Autofahren, ist das Schöntrinken des Partners beim Alkoholgenuss: eingeschränkte Wahrnehmungsfähigkeit.
- Steigt der Blutalkoholgehalt allerdings über 0,2 Promille, sind Zentralnervensystem und Gehirn so weit beeinflusst, dass Libido und Erektionsfähigkeit leiden können.
- Die aphrodisierende Wirkung von Alkohol kann auch mit psychischen Phänomenen zu tun haben.

Quellenverzeichnis

1 Freund und Helfer?

1 Ein guter Sommelier muss reifen. In: Manager Magazin, 11.07. 2005
2 Ulrich van Stripiaan: Wein zum Heulen. Auf: www.tal-abaout-wine.de [Zugriff: 2. März 2003]

2 Billiger Verschnitt?

1 Siehe Stichwort „Verschnitt", WorldWine Enzyklopädie. Wein-ABC und Glossar. Auf: www.enobooks.de [Zugriff: 21. September 2005]
2 Dokumentation Österreichischer Wein, Oktober 2004

3 Ohne Stiel kein Stil?

1 Siehe etwa: www.riedel.com/website/deutsch/frameset/frameset.html [Zugriff: 14. Oktober 2005]

4 Dekantieren verleiht Flügel?

1 René Gabriel: Bordeaux total. Hallwag, München (2004), S. 131
2 Jens Priewe: Wein – die praktische Schule. Zabert Sandmann, München, (2001), S. 61
3 Émile Peynaud: Die hohe Schule für Weinkenner. Müller Rüschlikon (1995)
4 www.wein-kreis.de/mehr über Wein/Publikationen von Bernd Kreis/ der degradierte Wein

5 Zu Fisch nur Weißwein?

1 Reinhold Paukner: Das Brevier der perfekten Weinwahl. Christian Brandstätter, Wien (1993), S. 8–10
2 www.moevenpick-weinland.de/weinknigge.php?pg=Wein%20und%20Speisen&wkid=8855411318000 [Zugriff: 14. Oktober 2005]
3 Olaf Wilhelm: Wein & Essen, Essen & Wein. Hallwag, München (1999), S. 225 ff.

6 Käse mit Begleitung?

1 Olaf Wilhelm: Wein & Essen, Essen & Wein. Hallwag, München (1999)
2 www.winequest.com

7 Prosecco: Parla italiano?

1 Gibbert, Bernd: 37 Cent/Flasche. Auf: www.winzerblogg.de [Zugriff: 20. Juli 2005]
2 Laut Angaben des Consorzio Tutela Prosecco Conegliano Valdobbiadene, auf www.prosecco.it
3 Nicoletta Brustolon. Auf: www.convivium2000.net/de_15/azienda_de.htm
4 Robinson, Jancis: Das Oxford Wein Lexikon. Hallwag, München (2003), S. 583
5 Denominazione di Origine Controllata, geschützte Ursprungsbezeichnung

8 Gib dem Affen Zucker?

1 Österreichisches Weingesetz 1999, § 11

9 Schneeweißchen und Rosenrot?

1 Steurers Wein-Handbuch. Ueberreuter, Wien (2003), S. 74 f
2 Österr. Weingesetz 1999, § 7, Abs. 2
3 Im Interview für „Die 50 größten Weinlügen", Wien am 17.8.2005
4 Das Champagnergesetz besagt: Champagner ist bis auf die Sorte „Rose" ein Weißwein, obwohl er vorwiegend aus blauen Trauben erzeugt wird. In der Regel wird ein Champagner aus etwa 3/4 blauen Trauben und 1/4 weißen Trauben erzeugt.
5 Das „Vin de Champagne"-Informationsbüro in Reutlingen (Deutschland) listet – wenngleich mit dem Hinweis der Unvollständigkeit – 15 Hersteller von Rosé de Saignée-Champagner auf. Insgesamt gibt es 5300 Champagner-Hersteller, fast alle stellen auch Rosé her.
6 EU-Weinmarktordnung, Art. 12, Abs. 6
7 Laut Statistik-Broschüre des „Vin de Champagne"-Informationsbüro 1994–2004, S. 15

10 Grüner Veltliner: Ex und hopp?

1 Lange, Cornelius, Lange, Fabian: Keine Angst vor Wein. Hallwag, München (2004), S. 100
2 Robinson, Jancis: Oxford Wein Lexikon. Hallwag, München (1995), S. 492
3 Robinson, Jancis: Oxford Wein Lexikon. Hallwag, München (2003), S. 307
4 Höchste Qualitätskategorie der „Venea Wachau Nobilis Districtus", des Verbandes der Wachauer Winzer; Trauben für einen „Smaragd"-Wein müssen mindestens 18,2° KMW aufweisen, der Mindest-Alkohol beträgt 12 % Vol., die Weine müssen durchgegoren sein und dürfen nicht mehr als 9 g Restzucker enthalten, die Flaschen müssen mit einem Kork von 49 mm Länge verschlossen sein, der den Jahrgang aufweist; der Verkauf von Smaragdweinen ist ab dem 1. Mai des auf die Lese folgenden Jahres möglich.
5 Priewe, Jens: Weinwissen. Zabert Sandmann, München (2001), S. 354
6 A la Carte 2005, Gastronomieführer Verlag (2004), S.132
7 Saveur Magazine, No 3 (2005)

Keller & Garten – durchgelüftet:

1 www.oiv.int

11 Hefen: Wilde Burschen?

1 Robinson, Jancis: Oxford Wein Lexikon. Hallwag, München (2003), S. 314
2 Siehe www.thonhauser.net/d/wein_hefe_p.asp [Zugriff: 30. August 2005]
3 Großmann, M.: Die Qual der Hefewahl. In: Der Winzer, 07/2002, S. 24 ff.
4 Vortrag vor der ARGE Kellermeister, 23. 2. 2005

12 Zaubermaschinen – Maschinenzauber?

1 Mostkonzentrierung – die Zukunft? Stand der Erfahrungen. In: Der Winzer, 07/2005, S. 6

13 14 Aus Gottes Garten Eden?

1 Siehe etwa: Weinerzeugung – Technik oder Romantik. Auf: www.wein-plus.de [Zugriff : 23. Februar 2005]
2 Walg, Oswald: Neue Verfahren – Chance oder Risiko. Ertrag regulieren und Trauben gesund erhalten. In: Der Winzer 05/2004, S. 6 ff.
3 Hanke, Michael: Vergleichende Versuche zur Ernte mittels Traubenvollernter und Handlese bei den Sorten Grüner Veltliner und Riesling. Diplomarbeit an der Höheren Bundeslehranstalt und Bundesanstalt für Wein- und Obstbau, Klosterneuburg (2005)
4 Redl, Helmut: Änderungen in der Bekämpfung der Botrytis erforderlich? In: Der Winzer 07/2002, S. 6 ff.
5 Schwab, A., Peternell, M.: Nährstoffverluste aus Weinbergböden. In: Der Winzer 03/2004, S. 10 ff.
6 Siehe: Robinson, Jancis: Oxford Wein Lexikon. Hallwag, München, S. 664
7 Steidl, Robert: Jungweinbehandlung 2004. In: Der Winzer, 10/2004, S. 10 ff.
8 Steidl, Robert: Jungweinbehandlung 2004. In: Der Winzer, 10/2004, S. 10 ff.
9 In: Filser, Hubert: Die Tricks der Weindesigner. In: Wissen, Süddeutsche Zeitung, 15.6.2005.

15 Sekt: Überschäumende Freude?

1 Siehe auch ein Rechenbeispiel in „Champagner, Sekt & Co.", ein Text des deutschen Weininstituts, auf: www.weinblum.de
2 Ein prickelndes Unternehmen. In: Wirtschaftsmagazin trend 10/2000, S. 180
3 Gietzen, Hans Peter: Sekt und die Kriegsflotte. Aus: Weininfo 11/04, Weindepot Hans Peter Gietzen, Mönchengladbach-Rheindalen
4 Haberhauer, Otto: Prickelnde Gaumenfreuden. In: Vinaria, 02/2003, auf: www.austrian.wine.co.at [Zugriff: 31. August 2005]
5 Nach www.villinge.de/printable/journal/essen/index.php, Journal der Stadt Villingen, Deutschland [Zugriff: 31. August 2005]

16 Nur Barrique ist schick?

1 Siehe etwa: Lange, Cornelius, Lange Fabian: Keine Angst vor Wein. Was im Keller los ist. Gräfe und Unzer, München, 2004, S. 58 ff.
2 Flak, Walter: Die Verwendung von Oak-Chips beim Rotweinausbau. In: Der Winzer, 11/2002, S.10 ff.
3 ÖnoLogisch: Weiterbildungsveranstaltung der Renommierten Weingüter Burgenland, 15. 1. 2003, „Neue Verfahren des Holzeinsatzes", gemeinsam mit dem französischen Fassproduzenten Seguin Moreau
4 Dietz, Hanna: Wein – Holzchips fürs Aroma. Westdeutscher Rundfunk, 25. Juli 2005, siehe: www.wdr.de
5 Kaltzin, Walter: Aufzuckern oder Mostkonzentration, Chips oder Barriques? In: Der Winzer, 01/2004, S. 16 ff.

17 Süße Sünden?

1 vgl. Österreichisches Weingesetz
2 vgl. www.bioveritas.at
3 Robinson, Jancis: Oxford Wein Lexikon. Hallwag. München (2003)

18 Terroir ist immer und überall?

1 Wilson, James E.: Terroir – Schlüssel zum Wein. Hallwag (1999), S. 55
2 Dickenson, John: Viticultural Geography. An Introduction to the Literature in English. In: Journal of Wine Research, 1990/1, S. 5 ff.
3 Gergaud, Olivier, Ginsburgh, und Victor: Natural Endowments, Production Technologies and the Quality of Wines in Bordeaux: Is it possible to produce wine on paved roads? Vorgetragen auf der jährlichen Konferenz der Royal Economic Society am 22.3.2005 in der Universität Nottingham
4 Bordeaux-Probe „4 Jahrhunderte" am 26.6.2004 im Hotel Rathaus, Wien
5 Heller, Andreas: Chateau garage, Grand Cru déclassé. In: NZZ Folio 2001/01,
6 Robinson, Jancis: Das Oxford Wein Lexikon, Hallwag, München (2003), S. 733 ff.
7 www.moric.at
8 The Wine Advocate 141 vom 29.6.2002

19 20 Besser Bio, logisch?

1 http://www.verbraucherministerium.de/index-E229EA1D30F74B3586513923281982C7.html
2 http://www.umweltbundesamt.at/umweltschutz/landwirtschaft/oepul2/?&tempL=1
3 www.bioveritas.at, www.ecovin.org
4 www.demeter.at
5 Der Winzer Ausgabe 02/2005
6 Berkelmann-Löhnertz, Beate: Kupferersatz im ökologischen Weinbau: Entwicklung und Anwendung neuer Formulierungs- und Produktionstechnologien für den praxisgerechten Einsatz bakterieller Antagonisten. Institut für Pflanzenpathologie und Pflanzenschutz der Universität Göttingen (2004)
7 Mehofer, Martin: Bioweinbau im Jahr 2004: Ein kritischer Rückblick als Vorbereitung auf das Jahr 2004. In: Der Winzer, 2/2005
8 Schmodt, Oliver: Rebe und Wein – Kupfer als Behandlungsmittel – wiegen die Vorteil die Nachteile auf. Staatliche Lehr- und Versuchsanstalt für Wein und Obstbau, Weinsberg, Baden Würtemberg, Deutschland (2002), auf: www.infodienst-mlr.bwl.de
9 Fischer, Ulrich, Dupin, Isabelle (SLFA Neustadt, Deutschland), Schlich, Pascal (INRA Dijon, Frankreich): Differenzierung ökologisch und konventionell erzeugter Weine anhand ihrer sensorischen Profile und Aromazusammensetzung. Neustadt (1998)

21 Gewächse aus der Arche Noah?

1 Forneck, Astrid (Department für Angewandte Pflanzenwissenschaften und Pflanzenbiotechnologie, Institut für Garten-, Obst- und Weinbau, Universität für Bodenkultur Wien) im Interview für „Die 50 größten Weinlügen", Wien, am 12.7.2005
2 Regner, Ferdinand: Österreichs Rebsorten und ihre Abstammung. In: Der Winzer, 11/1999
3 Hallet, T. et al.: Die Wissenschaft vom Wein, Script zur WDR-Sendereihe „Quarks & Co" (1995)
4 Schwab, A., Schottdorf, W., Knott, R.: Rebsorten: Sortenvielfalt oder Sorteninflation, Bayerische Landesanstalt für Weinbau und Gartenbau (2001)
5 Hecht, C.: Die differenzierte Rebe. In: Süddeutsche Zeitung, 19.10.2004, S. 39

22 Wein schmeckt nur nach Wein?

1 Williams, P. J.: Hydrolytic flavour release in fruit and wines through hydrolysis of nonvolatile precursors. In: Flavour Science: Sensible Principles and Techniques, American Chemical Society, Washington D.C. (1993)
2 In: Genussfrage. In: Kurier Freizeit, 6.8.2005
3 Technik: Automaten mit Geschmack. In: GEO Magazin 04/2002, auf: www.geo.de [Zugriff: 16. September 2005]
4 Smart, Richard, Coombe, Bryan. In: Das Oxford Wein Lexikon, Hallwag, München (2003), S. 285
5 Noble, Ann C. et al.: Modification of a standardized system of wine aroma terminology. American Journal of Enology and Viticulture 38/2 (1987)
6 www.winzerin.at/Weinaromen.html
7 www.hallwag.de/de/weinwissen/ratgeberwein/vielfalt_weinaromen. php

23 Objektive Schmeckometer?

1 Wine Advocate, Weinwisser, Falstaff
2 www.gaultmillau.at/aw/rs/bewertung_172.htm
3 In der Gault Millau-Ausgabe 2005

24 Parker regiert die Weinwelt?

1 The Wine Advocate, Inc. P.O. Box 311, Monkton MD 21111
2 The impact of gurus, Héla Hadj Ali, Sébastien Lecocq, Michel Visser, INRA, Jänner 2005
3 King, Peter B., Pittsburgh Post-Gazette, 14.8.2005
4 Parker, Robert M. Jr.: Parkers Wein-Guide, 5. Auflage, Heyne, Ort, (2000), S. 31 f.
5 Bewertet wurden in der 5. Auflage von Parkers Wein-Guide die Jahrgänge 1995 und 1996.
6 www.beauxfreres.com
7 Grape, Issue 23, July-September 2004
8 Rosso, Gambero: Slow Food Editore. Vini d'Italia. Hallwag, München
9 Moser, Peter: Falstaff Weinguide. Falstaff Verlag
10 Holstrom, David: Spin the bottle, www.guyduvin.com/Aspen

25 Viel Alkohol, viel Wein?

1 Julia Sevenich: Weinsensorik. av buch (2005), S. 63
2 DLG-Bundesweinprämierung 2005, Deutsche Landwirtschafts-Gesellschaft e.V., Frankfurt. Auf: www.dlg.org [Zugriff: 22. September 2005]

26 Blinde Flecken?

1 In vino Veritas? Werfringers Weinjournal. In: Wiener Journal, Wiener Zeitung, 5.10.2004
2 Siehe etwa: „Geschmackssinn" , auf: www.wikipedia.de
3 Siehe etwa: „Geschmackssinn", auf: www.g-netz.de [Zugriff: 3. Oktober 2005]
4 Siehe etwa: Chemographik representation of human tongue, Universität Saarland, Deutschland. Auf: www.uniklinik-saarland.de/med_fak/physiol11/ LDM/chemotopic_2.htm [Zugriff: 3. Oktober 2005]
5 Hänig, D. P.: Zur Psychologie des Geschmacksinnes. Philosophische Studien, 17 (1901), S. 576–623

27 Die Unbestechlichen?

1 Vortrag im Rahmen der Veranstaltungsreihe „Weindialog" an der Universität für Bodenkultur, April 2005
2 Redtenbacher, Evelyn: Opfer der eigenen Wahrnehmung. In: Der Winzer, Wien, 10/2002, S. 27 ff.
3 Anderson, R. A.: Kognitive Psychologie. 2. Auflage, Spektrum akademischer Verlag, Heidelberg (1996)
4 Wahres zum Wein. In: GEO Magazin, 06/02

28 Methusalem, und sonst nix?

1 Robinson, Jancis, Dinsmoor, A., Webb, Patrick Williams. In: Das Oxford Wein Lexikon, Hallwag, München (2003), S. 14–16
2 Mein Weinkeller, ein persönliches Tagebuch mit Ratschlägen von Hugh Johnson. Hallwag. München (1987), S. 18–19
3 Robinson, Jancis: Der Weinkalender – die besten Jahre der besten Weine, hädecke (1990), S. 18

29 Captain Kork im Wein-All?

1 Kaltzin, Walter: Alternative Flaschenverschlüsse. In. Der Winzer, 02/2005, S. 34 ff.
2 Richter, Steffen: Pro Schraubverschluss. In. Die Zeit 38/2003
3 Allen Hart: Önologe bei R & D Southcorp. Auf: http://snipurl.com/cwf7
4 Im Wortlaut nachzulesen auf: www.jancisrobinson.com, August 2004
5 1912–2004; Standard-Werke „Le goût du vin" (1980), „Connaissance et Travail du Vin" (1982)
6 Direktor des Önologischen Instituts Bordeaux, Mitglied der franz. Akademie der Wissenschaften
7 Stand 2002, Quelle: APCOR www.corkmasters.com Verband der portugiesischen Korkproduzenten
8 Vgl.: www.corkmasters.com
9 Bieber Ernst: Optimaler Weinverschluss: Drehstoppel, Glas, Korken. In: Kurier, 21.4.2005, S. 23
10 Kaltzin, Walter: Alternative Flaschenverschlüsse. In: Der Winzer, 02/2005, S. 34 ff.

30 Verträumte Einzelgänger?

1 Globalisierte Rebenromantik. Auf: www.orf.at/050531-87557/ 87558txt_story.html [Zugriff: 2. Juni 2005]
2 Glatt, Josef: Evaluierung der Weinmarktordnung. In: Der Winzer, 3/2005, S. 5
3 Wenn das Angebot steigt ... In: Der Winzer, 11/2004
4 Pruckner, Othmar: Rot bis in den Tod. In: Wirtschaftsmagazin trend, Wien, 10/04, S. 60 ff.,
5 Exler, Andrea: Chateau Misere. In: Die Zeit, Nr. 31, 28.7.2005

31 Selection-Edition aus dem Chateaux?

1 Pigott, S.: Kleiner genialer Weinführer 2005. Argon, Berlin, 2004, S. 24
2 Blauensteiner R.: Weingesetz 1999, VO5, (Weingesetz-Bezeichnungsverordnung), §1, Abs. (1), 2, S. 214, Verlag Österreich (2001)
3 Anfrage auf: www.weinwissen.com [Zugriff: 21. Juli 2005]
4 Pronay M.: Herrliche Rote. In: A La Carte, 4/2004
5 Siehe auch: Bezeichnungsvorschriften für Wein in Stichworten. In: Dokumentation Österreichischer Wein 2004, ÖWM, Wien (2004), Steidl, Robert: Nur lästig? Kennzeichnungspflicht und Co. In: Der Winzer 03/2005, S. 6 ff., Blauensteiner Reinhard: Weingesetz 1999, 2. Auflage, Verlag Österreich, Wien (2001)

32 In Vinothek nur veritas?

1 Weinabsatz/Konsum in Österreich 2000–2003. In: Dokumentation Österreichischer Wein, Oktober 2004, S. 103
2 In: Preis-Kämpfer. Interview mit Heinz Kammerer von Florian Horcicka. In: News, 10.2.2005
3 Etwa auf dem Pfälzer Wein-Marketingtag (Deutschland) 2004 im März 2004, siehe: dlr-rheinpfalz.rlp.de/internet/global/themen.nsf
4 Cybervine.at – Shop Qualität weit hinter Wein-Qualität. ARGE Daten ECG-Check bei 217 Weinproduzenten – und -händlern, 2/2002. Auf: www.ad.or.at/news/20020205.html

33 Die Winzer müssen verrückt sein?

1 Klimek, Manfred: Phönix aus der Flasche. In: Profil 18. 5/05, S. 116
2 Vgl.: Wine Spectator Dec. 15, 2002
3 Exler, Andrea: Château Misère. In: Die Zeit, 28.07.2005, Nr. 31

35 Windeln, Wein und Wurstsemmeln?

1 Zitiert nach: http://www.handelsblatt.com/ pshb?fn=tt&sfn=go&id= 888903
2 Hofschuster, Marcus: Preisfrage: ALDI-Weine im Vergleichstest. Auf: www.wein-plus.de [Zugriff: 10. August 2005]
3 Dahlbeck, Klaus: Aus der Tiefe des Preisraums. Test: Weine unter 6 Euro. Auf: www.wein-plus.de [Zugriff: 13. Juli 2004]
4 Exler, Andrea : Château Misère. In: Die Zeit, 28.07.2005, Nr.31
5 Schiebel, W.: Delphistudie: Auswirkungen der EU-Erweiterung auf den österreichischen Weinmarkt, Institut für Marketing & Innovation, Universität für Bodenkultur, Wien (2004)

36 Im Osten nichts Gutes?

1 „Die 10 größten Verbraucherländer der Welt. In: Dokumentation Österreichischer Wein, ÖWM, 2004, S. 167
2 Krekeler, Elmar: Globalisierung schmeckt gut. In: Die Welt, 19.2.2005, nach: www.welt.de. [Zugriff: 27. September 2005]
3 Falkenstein, Peter-Paul: Ungarn. In: 1000 Weine aus aller Welt, Naumann & Göbel, Köln (2001)

37 38 Vorurteile erleichtern das Wein-Leben?

1 Siehe auch: Pigott, Stuart: Planet Wein. Traube um Traube: Ein visueller Führer durch die Weinwelt der Gegenwart. Scherz, Frankfurt/M, 2005

39 Übersee: Kunstwein statt Weinkunst?

1 Falkenstein, Peter Paul: Auf Weinpfaden in Übersee. In: 1000 Weine aus aller Welt, Naumann & Göbel, Köln (2001)
2 Dokumentation Österreichischer Wein (2004)
3 The grapes of wrath, again. The miserable state of Californias farm workers. In: The Economist, 10. September 2005

40 Land der Spitzenwinzer?

1 Aus: Dokumentation Österreichischer Wein, Oktober 2004, Österreichische Weinmarketinggesellschaft, Wien (2004)
2 Quelle: Bundesanstalt für Weinbau Eisenstadt, 2004
3 Franz Regner/Weinkomitee Weinviertel: Daten und Fakten zu Weinviertel DAC und Weinkomitee Weinviertel. Presseinformation Oktober 2004
4 Im Interview für „Die 50 größten Weinlügen" , Wien, am 8.7.2005
5 Weingartenfläche und Weinernten 1995–2004. Aus: Agrarpolitik 2004/05, Zahlen & Fakten zur Land- und Forstwirtschaft 2004, Landwirtschaftskammern Österreich (2005)
6 Aus: Dokumentation Österreichischer Wein, Oktober 2004, Österreichische Weinmarketinggesellschaft, Wien (2004)
7 Außenhandelsbilanz Wein – Ein- und Ausfuhr von Wein. Aus: Agrarpolitik 2004/05, Zahlen & Fakten zur Land- und Forstwirtschaft 2004, Landwirtschaftskammern Österreich (2005)

41 Ein gesundes Tröpferl?

1 Cvitkovich-Steiner, H.: Alkohol schützt das Herz – mit Einschränkungen. In: Ernährung heute, 3–4/2005, S. 10
2 Singer, M., Teyssen, S.: Alkohol. Das unterschätzte Gift. In: Spektrum der Wissenschaft , Dossier 4/2004: Forschung für Essen und Trinken (2004)
3 Der Weinkonsum weltweit. Aus: Dokumentation Österreichischer Wein, Oktober 2004, Österreichische Weinmarketinggesellschaft, Wien (2004)
4 Siehe etwa die Reportage von interpool-tv „Die .tour de farce' und das Doping in deutschen Spitzenteams (1999), auf: www.interpooltv. de/html_neu/tour.html [Zugriff am 19.7.2005]
5 Vinotherapie. Nach: www.weinschenker.nl/wijngezond/wijngezond2. htmm [Zugriff: 19. Juli 2005]
6 Kann Alkohol gesund sein. In: Aphotheken-Umschau, Mai 2005, S. 58 ff.
7 Singer, M. V., Teysen, S.: Moderater Alkoholkonsum: Gesundheitsförderlich oder schädlich? Deutsches Ärzteblatt, Sonderdruck Heft 16 (2002)
8 Peregrin, T.: Wine – a drink to your health. In: Journal of the American Dietetic Assoziation, 5/2005, S. 1053 ff.
9 Grätzel von Grätz, P.: Cabernet-Sauvignon und Tannat-Weine schützen das Herz am besten. In: Ärzte-Zeitung, 23.6.2003, aus: www.aerztezeitung.de [Zugriff: 7. 7. 2005]
10 Ki Won Lee, Young Jun Kim, Hyong Joo Lee, Chang Yong Lee: Cocoa Has More Phenolic Phytochemicals and a Higher Antioxidant Capacity than Teas and Red Wine. In: Journal of Agricultural an Food Chemistry, 12.2003, Cornell University, Geneva
11 Wissenfrage: Kann maßvoller Weingenuss gesund sein. Aus: www. planet-wissen. de, WDR, SWR, R-Alpha (Zugriff: 7. Juli 2005)
12 Böhm V., Bitsch R.: Antioxidative Aktivität von Frucht und Gemüsekonzentraten, Friedrich Schiller Universität, Jena (1997)
13 Kröger, Knut: Lebenserwartung. Der Mythos vom Rotwein. In: Deutsches Ärzteblatt 100/42, S A-2706/B-2260/C-2120, 2003
14 Singer, M., Teysen, S.: Alkoholassozierte Organschäden. Deutsches Ärzteblatt, Sonderdruck, Köln, 2001
15 Verbindung zwischen Alkohol und Krebs. Sciencticker.info vom 4.8.2005, zitiert nach: Theruvathi, J., Brooks, P., in: Nucleic Acids Research, Vol.33(11), pp 3513–20, DOI 10.1093/nar/gki661.
16 Godfrey, Christine: UK Alkohol Treatmnet Trial. Auf dem 12. Weltkongress für medizinische Alkoholforschung, Mannheim (2004)
17 Kinder im Vollrausch. In: News 28/05, S. 48 ff.
18 Wine and health information. The Australien Wine Research Institute, Glen Osmond 5064, South Australia, December 2002
19 Quelle: DGE, ÖGE, SGE, SVE: Referenzwerte für die Nährstoffzufuhr. Umschau/Braus, Frankfurt/M (2000) 65–67
20 Quelle: DGE, ÖGE, SGE, SVE

42 43 Vive la „French Paradox"?

1 Simin, B.: Serge Renaud: From French paradox to Cretan miracle. In: The Lancet 48, S. 355 (2000)
2 Colquhoun DM et al.: Cheese added to a low fat diet does not affect serum lipids. Asia Pac J Clin Nutr. 2003; 12 Suppl: S. 65.
3 Hallet, Thomas et al.: Die Wissenschaft vom Wein. Quarks Script, Script zur WDR-Sendereihe „Quarks & Co", S. 27, Westdeutscher Rundfunk, Köln (1995)
4 Wie gesund Wein wirklich ist. SWR ARD (2005), aus: www.swr.de/keffee-oder-tee/tipps-trick/wein/2004/01/15/ print.html (Zugriff: 7. Juli 2005)
5 Kröger, K: Lebenserwartung: Der Mythos vom Rotwein, Deutsches Ärzteblatt 100, 42, S A-2706/B-2260/C-2120, 2003
6 Yuan J. M. et al.: Follow up study of moderate alcohol iintake and mortality among middle aged men in shanghai, China. BMJ 314, S.18–23, 1997
7 Timothy, S., Naimi et al.: Cardiovascular risk factors and confounders among nondrinking and moderate-drinking U.S. adults, Marin Institute/ American Journal of Preventive Medicine, May 2005
8 Uhl, A. et al.: U-förmige Zusammenhänge in der Literatur, Handbuch Alkohol – Österreich, Kapitel 5.1, S. 89, Ludwig Boltzmann-Institut für Suchtforschung, Anton Proksch Institut, Wien (2002)

44 Wein ist nichts für Diabetiker?

1 Entnommen von der American Diabetes Association, www.diabetes. org/type-1-diabetes/alcohol.jsp
2 www.austrian.wine.co.at/daten/weinglossar_d.htm
3 Diabetes-Ahrwein-Sudie, Dr. Gerhard Kreuter, Dr. Karl-Heinz Hauser, vorgetragen beim 111. Internisten-Kongress am 19.3. 2005 in Wiesbaden

45 Den Rausch ausschlafen?

1 Zum Thema: Alkohol. Aus: DGE, ÖGE, SGE, SVE: Referenzwerte für die Nährstoffzufuhr. Umschau/Braus, Frankfurt/M (2000), S. 65–67
2 Prang, Michael: Die größten Irrtümer zum Thema „Kater", AOK-Morning-Doc, 27.12.2002, SAT 1, auf: www.aok.de [Zugriff: 26. Juni 2005]
3 Theruvathu, J., Brooks, P. vom National Institute of Alcohol Abuse and Alcoholism in Bethesda, Maryland, USA. In: Nucleic Acid Resaerch, Vol 33 (11), pp 3513–20 (2005)
4 „Was tun bei einem Kater?", in: Quarks Script, Script zur WDR-Sendereihe „Quarks & Co", Westdeutscher Rundfunk, Köln, Oktober 1995
5 Gefährliche Lügen rund um Alkohol. Nach: www.docs.at [Zugriff: 16. Februar 2005]
6 Was tun bei einem Kater? In: Quarks Script, Script zur WDR-Sendereihe „Quarks&Co", Westdeutscher Rundfunk, Köln, Oktober 1995

46 Wein, reine Männersache?

1 Bartoshuk, L. M.: Genetic and pathological taste variation: what can we learn from animal models and human disease? (1993) In: Chadwick DJ, Marsh J, Goode, J. (eds): The molecular basis of smell and tatse transduction. Wiley, Chichester (Ciba Found Symp 179)
2 Frauen prüfen besser. Ein Gespräch mit Jancis Robinson von Cornelius und Fabian Lange, in: Die Zeit 17/2004
3 Priewe, Jens: Weinwissen, Zabert Sandmann, München (2002), S. 405
4 www.wein-plus.de/magazin/Jancis+Robinson+Ein+Interview_ ih405.html

47 Weinskandal, der alt bekannte?

1 Brüders, Walter: Der Weinskandal – das Ende einer unseligen Wirtschaftsentwicklung, Denkmayr, Linz (Jahr)
2 „Zum Wohl Glykol", www.aerztezeitung.de/docs/2005/07/07/124a2001. asp?cat=/medizin/alkohol
3 Bild Zeitung vom 12.7.1985
4 Kronen-Zeitung vom 20.7.1985

5 Kurier vom 24.7.1985
6 Brüders, Walter: Der Weinskandal – das Ende einer unseligen Wirtschaftsentwicklung, Denkmayr, Linz, Jahr, S. 64-66
7 Brüders, Walter: Der Weinskandal – das Ende einer unseligen Wirtschaftsentwicklung. Denkmayr, S. 87 ff.
8 Laut einer Aussage von Ex-Weinhändler Rudi Weithofer im Falter 18/85

48 Das strengste Weingesetz der Welt?

1 Zum österreichischen Weingesetz, Dokumentation Österreichischer Wein 2003, Kapitel 6, S. 229 ff. (2004)
2 Vgl. Blauensteiner, Reinhard: Erläuterungen zu §5. Abs (1), Weingesetz 1999, Verlag Österreich (2001)
3 Vgl.: Grenzwerte und Voraussetzungen für bestimmte önlogische Verfahren, C) 2., Anhang V zum Amtsblatt der Europäische Gemeinschaften, L179/52 vom 14.9.1999
4 Tipps und News für den Weinproduzent. In: Der Winzer 09/2003, Agrarverlag, Wien
5 Weingesetz 1999, Bundesgesetzblatt für die Republik Österreich, 141./GPXX IA 1094/A AB 1943 S.176. BR: AB 6009 S. 656. Besondere Bezeichnungsvorschriften, §27. Abs.(3), 1. und Abs.(4)
6 Weingesetz 1999, Bundesgesetzblatt für die Republik Österreich, 141./GPXX IA 1094/A AB 1943 S.176. BR: AB 6009 S. 656. §7. Abs.(1), 3.
7 Tipps und News für den Weinproduzent. In: Der Winzer 09/2003, Agrarverlag, Wien
8 Vgl. Blauensteiner, Reinhard: Erläuterungen zu §21. Abs (5), Weingesetz 1999, Verlag Österreich, 2001
9 Weingesetz 1999, Bundesgesetzblatt für die Republik Österreich, 141./GPXX IA 1094/A AB 1943 S.176. BR: AB 6009 S. 656. §21. Abs.(1), 1. und 2.
10 Siehe etwa: Kness-Bastaroli, T.: Barolo und Brunello werden wieder billiger. „Raubkopien" lassen Italiens Exporte sinken.. In: Der Standard, 2.4.2004, S. 17, Wien

49 Wein auf Bier auf Wein?

1 Siehe auch: This-Benckhardt, Hervé: Rätsel und Geheimnisse der Kochkunst – Naturwissenschaftlich erklärt, 6. Auflage, Piper, München (2003)
2 Drösser, Christoph: Stimmt's? In: Die Zeit, 46/1997, www.zeus.zeit.de [Zugriff: 18.9.2005]
3 Genussfrage. In: Kurier, Freizeit, Beilage der Woche 21/2005
4 Mythos: Bier auf Wein, dass lass sein. In: GEO, 12/2003, auf: www.geo.de [Zugriff: 16.9.2005]
5 Drogenmythen. In: Hochschulanzeiger der Frankfurter Allgemeinen Zeitung, Nr. 67, 2003, auf: www.faz.net [Zugriff: 16. September 2005]

50 Wein, Weib und Gesang?

1 Porst, Hartmut: Die gekaufte Potenz. Viagra, Sex und Lifestylemedizin. Steinkopff, Darmstadt (1998)
2 Müller-Ebelling, Claudia, Rätsch Christian: Lexikon der Liebesmittel. At-Verlag, Aarau (2003)
3 Bürger, Britta: Drogen mit aphrodisischer Wirkung. Auf: www.netdoctor.de [Zugriff: 24. September 2005]
4 Alkohol. Aus: Wikipedia, freie Ezyklopädie, auf: de.wikipedia.org [Zugriff: 1.Juli 2005]
5 Kapellner, Rudolf: Drogen und Sexualität. Eine Reise in die Außergewöhnlichen Welten des Lebens. In: Zeitschrift Sexus, Österreichische Gesellschaft für Sexualforschung (2003)
6 Purdy, R., Alomary, A.: Ethanol Increases Testosterone in Rat Brain. In: Alcoholism: Clinical & Experimental Research, Bd. 27, Nr. 1, S. 38–43 (2005)
7 Friedmann, Ronald, Denzler, Markus, in: Fachzeitschrift Addiction, 5/2005, nach: pressetext austria vom 14.5.2005

Glossar

Appellation: Aus dem Französischen entlehnter Begriff für die Kombination aus geographischer Herkunft einerseits und festgelegten Qualitätsrichtlinien andererseits. Populärster Vertreter einer Appellation sind die italienischen DOC-Weine. In Frankreich existieren über 400, in Italien über 200, in Griechenland etwa 60 Appellationen, auch Spanien und Portugal setzen vermehrt auf dieses Bezeichnungssystem.

Aroma-Rad: Oder auch Aroma-Kreis, von der amerikanischen Wissenschafterin Ann C. Noble entwickelte, gegraphische Darstellung sämtlicher Wein-Aromen.

Auslese: Qualitätsstufe für Wein in Deutschland und Österreich. Auslesen sind „Prädikatsweine", fallen daher unter ein strengeres Regulativ und müssen eine Zuckergradation von 21–25° KMW (Klosterneuburger Mostwaage) aufweisen. Auslesen sind in den meisten Fällen Süßweine, es gibt allerdings auch durchvergorene Exemplare mit entsprechend hohem Alkoholgrad.

Barrique: Kleine, neue Fässer aus gespaltenem und geröstetem (Toasting) Eichenholz, vorwiegend aus dem französischen Zentralmassiv oder aus Amerika. Ein klassisches Barrique enthält 225 Liter und gibt Geschmacksstoffe an den darin befindlichen Wein ab.

Botrytis cinerea, Botrytis: Ein Schimmelpilz, der Weinbeeren im Herbst befallen kann. Durch diesen Pilz werden die Beerenhäute perforiert, darin enthaltenes Wasser verdunstet, der Gehalt an Zucker und Säure wird konzentriert. Im Idealfall entstehen so die größten Süßweine der Welt, im schlechtesten Fall (bei geringer Reife der Trauben oder zu hoher Feuchtigkeit) verursacht Botrytis einen unangenehmen Fehlton im Wein. Bei Rotwein ist Botrytis unerwünscht.

Bukett: Der Duft eines Weins, vor allem in entwickeltem und gereifterem Zustand.

Burgundy/Chablis: Eine von den Nachkriegsjahren bis in die 1970er Jahre gewählte Bezeichnung für äußerst schlichte Rot- und Weißweine aus Kalifornien ohne besondere Herkunft, Rebsorten-Charakteristik und Qualität. In Frankreich protestierte man jahrelang vergeblich gegen diese Verwendung von Namen französischer Qualitätsweinregionen für diese so genannten „Gattungsweine", die Sache erledigte sich erst mit dem Qualitätsboom des kalifornischen Weins während der 1980er Jahre.

Chaptalisierung: Mostaufbesserung mit Rübenzucker, um Wein mit höherem Alkoholgehalt zu erzeugen. In „nördlichen" Weinbauregionen traditionell, im Süden wenig gebräuchlich, da die klimatischen Gegebenheiten dort für gewöhnlich für ausreichend Zucker-Versorgung der Trauben sorgen. Benannt wurde die Chaptalisierung nach Jean-Antoine Chaptal, französischer Innenminister unter Napoleon, unter dessen Leitung diesbezügliche Experimente gemacht wurden.

Cuvée: Verschnitt mehrerer separat ausgebauter Weine. Besonders traditionell in der Champagne (woher der Ausdruck auch stammt), wo Weine von spezialisierten Kellermeistern verschiedener Sorten und Jahrgänge miteinander verschnitten werden, um eine über Jahre hinweg gleichmäßige Qualität zu gewährleisten.

Dekantat: Chemischer Begriff für ausgefallene Inhaltsstoffe (etwa durch Polymerisation) einer Flüssigkeit, die einen Bodensatz bilden.

Dekantieren: Einerseits das Trennen des Weins von seinem (während längerer Flaschenlagerung entstandenen) Bodensatz durch Umfüllen in eine Karaffe, andererseits das durch diesen Vorgang eingeleitete Belüften des Weins.

Degorgieren: Wesentlicher Schritt der Schaumweinherstellung, bei dem der (durch geneigte Stellung der Flasche) im

Flaschenhals gesammelte Hefepfropfen gefroren wird. Durch Öffnen der Flasche (zu diesem Zeitpunkt nur mit Kronkorken verschlossen) treibt der Gasdruck des Schaumweins diesen Pfropfen aus der Flasche, man füllt nach und verschließt die „degorgierte" Flasche endgültig mit Korken. Degorgieren war früher eine Tätigkeit, die viel Kraft, Schnelligkeit und Geschick erforderte, heute wird größtenteils maschinell degorgiert.

Depot: Bodensatz in Weinflaschen, setzt sich aus unterschiedlichsten Stoffen zusammen, etwa ausgefallene Tannine und Farbpigmente oder Weinstein (kristallisierte Weinsäure). Unfiltrierte Weine entwickeln im Lauf der Jahre mehr Depot als filtrierte, Depot ist unansehnlich, aber nicht qualitätsmindernd. Beim Dekantieren trennt man Wein von seinem Depot.

Flaschengärung: Höchste Stufe der Schaumweinherstellung, auch als Champagner-Methode oder „traditionelles Verfahren" bezeichnet.

Gas-Chromatograph: Technisches Gerät, das die Inhalte eines Gases (verdampfte Flüssigkeiten) äußerst genau und bis in kleinste Bestandteile detailliert aufzulisten vermag.

Grand Cru: Französisch in etwa für „Großes Gewächs", Bezeichnung für die besten Weinbergslagen innerhalb eines bestimmten Gebietes. Burgund gilt als der Ursprung dieses Lagen-Gedankens, 34 Weinberge tragen hier diese höchste aller Güteklassen, im Elsass existiert diese Bezeichnung ebenfalls, in Bordeaux versteht man darunter Weingüter, die in der Klassifikation von 1855 erfasst wurden.

Hefe/Hefen: Einzelliger Organismus, der sich von Zucker ernährt und als Nebenprodukt Alkohol und Kohlensäure ausscheidet. Das Ergebnis dieses Vorganges ist die Vergärung, die Umwandlung von Most in Wein. Hefen kommen „wild" auf Traubenschalen und im Weingarten vor, werden aber auch selektioniert und gezüchtet, um die Vergärung besser steuern zu können.

Kalibrieren: Das Eichen eines Messinstrumentes bzw. Werkstücke auf ein einheitliches Maß bringen. Im Zusammenhang mit Weinverkostern ein statistischer Vorgang, der unterschiedliche Bewertungsniveaus ausgleicht.

Kryoextraktion: Konzentrationsmethode, bei der Weintrauben zuerst gefroren und dann gepresst werden. Das Wasser bleibt bei dieser Methode als Eisklumpen zurück, Zucker und Säure bleiben dank niedrigerem Gefrierpunkt flüssig und können gewonnen werden. Quasi die künstliche Herstellung eines Eisweins, die vor allem bei Süßweinherstellung immer wieder Verwendung findet.

Maische: Das Einweichen gequetschter Weinbeeren in ihrem eigenen Saft, einerseits, um Geschmacksstoffe aus den Beerenschalen auszulaugen (bei Weißwein), andererseits, um Farbe und Tannine von den Beerenschalen in den Most zu bekommen (bei Rotwein).

Most: Unvergorener Traubensaft.

Önologie: Wissenschaft von Weinbereitung und Kellertechnik.

Oxidation: Chemische Reaktion zwischen Sauerstoff und anderen chemischen Substanzen. Bei Wein wird Oxidation in gewissem, kontrolliertem Maße gewünscht, zu viel Oxidation führt jedoch zu fehlerhaften Weinen mit heller, bräunlicher (bei Rotwein) oder Bernstein-artiger (bei Weißwein) Farbe. Fehlerhafte Oxidation kann sowohl im Keller passieren als auch in der Weinflasche (durch undichten Kork).

Polymerisation: Zusammenschluss mehrerer kleiner Moleküle zu einem großen Molekül. Bei Wein findet Polymerisation etwa während längerer Flaschenlagerung statt, wodurch Tannine und Farbpigmente ausfallen und Bodensatz bilden können.

Prädikatswein: Bezeichnung für österreichischen Qualitätswein ab der Stufe „Spätlese" (19° KMW). Die Herstellung von Prädikatswein muss bei der Kellereiinspektion angemeldet und amtlichen Mostwägern vorgeführt werden, Mostaufbesserung ist verboten, Jahrgangsbezeichnung ist obligatorisch, der Alkoholgehalt muss mindestens bei 5 % liegen, außer bei Spätlesen und Eiswein muss Prädikatswein händisch gelesen werden, die amtliche Prüfnummer ist obligatorisch, verkauft werden darf österreichischer Prädikatswein ausschließlich in Flaschen und zwar erst ab dem 1. März (Spätlese) oder dem 1. Mai (Auslese, Beerenauslese, Trockenbeerenauslese, Ausbruch, Eiswein) des auf die Lese folgenden Jahres.

Qualitätswein: Bezeichnung für österreichischen Wein, dessen Most mindestens 15° KMW aufwies, der aus einem einzigen Weinbaugebiet und von einer (mehreren) zugelassenen Rebsorten stammt. Höchstertragsmengen dürfen nicht überschritten sein, die staatliche Prüfnummer ist obligatorisch.

Restzucker: Durch Gärstillstand (entweder natürlich oder durch gewollte Unterbrechung) verbliebener, natürlicher Traubenzucker im Wein.

Georg Riedel/Riedelgläser: Bedeutendster Hersteller hochwertiger Weingläser in Europa mit Sitz in Kufstein, Tirol.

Reserve: Oftmals verwendeter, aber nicht genau definierter Begriff in der Weinsprache. Gemeint ist damit meistens ein hochwertiger Wein, der später gefüllt oder länger gelagert wird, was eine gewisse Qualitätssteigerung vermitteln soll oder tatsächlich darstellt.

Selek(c)tion: Wie „Reserve" eine gerne verwendete Bezeichnung, um hohe oder höhere Qualität zu suggerieren. „Offizielles" Gütesiegel ist diese Bezeichnung allerdings nicht, jeder Winzer kann Wein nach Belieben als „Selektion" bezeichnen.

Sommelier/Sommelière: Weinkellner, dessen Aufgabe es ist, sich um die korrekte und gehobene Getränkekultur in einem Restaurant zu kümmern. Dazu zählen die Glaswahl und das Servieren genauso wie das Empfehlen von Weinen zu speziellen Gerichten, die Wartung des Kellers, das Zusammenstellen der Weinkarte, aber auch die Pflege aller anderer Getränkegruppen sowie der Zigarrenservice.

Spätlese: In Österreich handelt es sich bei Spätlese um die niedrigste Stufe des Prädikatsweines mit einer Mostgradation von 19°–21° KMW. Spätlesen sind nicht zwangsläufig süß, so fallen zum Beispiel die meisten „Smaragdweine" aus der Wachau in die Kategorie Spätlese.

Tannin: Vielfältige und komplexe Gruppe chemischer Verbindungen mit unterschiedlichstem Vorkommen und Einsatz. Im Weinbau sind vor allem Tannin aus den Beerenschalen roter Rebsorten sowie das Holz-Tannin aus Barriques von Bedeutung, da diese Stoffe für Struktur und Mundgefühl eines Rotweins verantwortlich sind.

Terroir: Mystischer Begriff, der in Frankreich für die Gesamtheit aus Mikroklima, geologischer Gegebenheit eines Weinbergs und lokaler Tradition der Weinherstellung steht. Terroir gilt weitgehend als Auszeichnung und Qualitätskriterium für einen Wein, lässt sich empirisch aber kaum messen oder analysieren.

Vergärung: Umwandlung einer zuckerhältigen Lösung in eine alkoholische Lösung unter Herstellung von Kohlensäure. Beim Wein sorgen dafür Hefe-Mikroorganismen, Most wird durch Vergärung in Wein umgewandelt. Vergoren wird Traubenmost in Fässern, Stahltanks, Kunststoff-Behältern, in Zisternen und manchmal sogar noch in Tonamphoren.

Autorenporträts

Luzia Schrampf,

Weinakademikerin, ist freie Weinjournalistin für die Österreichische Tageszeitung „Der Standard“ und betreut seit November 2005 auch die Weinpage des standard.at. Sie kam über „privaten Weinwahnsinn“ zum Thema, hat 2003 an der Weinakademie Österreich das zweijährige Diploma des Londoner „Wine and Spirits Education Trust“ (Önologie, Weinmarketing, Verkostungstraining) abgeschlossen.

Geboren 1962 in Wien, studierte Französisch und Englisch (Übersetzer) an der Universität Wien (kein Abschluss) und arbeitet seit 1989 in verschiedenen Funktionen – Korrektorin, technische Redakteurin, schreibenderweise – in der Medienbranche. Artikel u. a. für andere Medien wie „Die Wirtschaft“, „Der Winzer“, „Feinschmecker“ etc.

Florian Holzer,

geboren 1966 in Mistelbach a. d. Zaya, ist freiberuflicher Journalist mit dem Fachgebiet Essen und Trinken. Seit 1989 verfasst er in der Wiener Stadtzeitung „Falter“ die wöchentliche Lokalkritik, seit 1990 ist er Herausgeber des Lokalführers „Wien, wie es isst“ (Falter-Verlag), seit 1996 bearbeitet er im Wirtschaftsmagazin „trend“ das Thema Essen und Trinken.

Nach einem spät, aber doch abgebrochenen Studium der Publizistik arbeitete Holzer außerdem in den Tageszeitungen „Arbeiter Zeitung“ sowie „Der Standard“ und tut dies nach wie vor wöchentlich bei den Zeitungen „Kurier“ und „Wiener Zeitung“. Auch bei ausländischen Zeitungen („NZZ am Sonntag“, „Berliner Zeitung“, „Süddeutsche Zeitung“) schrieb er zahlreiche Beiträge. Außerdem ist er regelmäßiger Autor im Gourmet-Magazin „A la Carte“, wo er auch einen im Herbst 2005 erstmals erscheinenden Delikatessen-Führer herausgibt.

Dr. Markus Groll,

geb. 1963, Wien, ist promovierter Publizistik- und Kommunikationswissenschafter und langjähriger Redakteur beim österreichischen Wirtschaftsmagazin „trend“.

Dort betreut er u. a. Fachbereiche wie Gesundheit, Ernährung, Landwirtschaft und Konsumentenschutz. Zuvor arbeitete er als Mitarbeiter der Wirtschaftsmedien „Wirtschaftswoche“, „New Business“, „Cash-Flow“, im Landesstudio NÖ des ORF, am Österreichischen Institut für Sozialforschung sowie in diversen Fachmedien.

Ausgezeichnet mit dem „Pressepreis 2004 der Ärztekammer für Wien für hervorragende medizinische Berichterstattung“.

Als ausgebildeter Musiker war er u. a. als Pädagoge (BHS) tätig.

Co-Autor der Bestseller „Die 50 größten Fitnesslügen“ (Krenn-Verlag, 2004) und „Die 50 größten Diät-Lügen“ (Krenn-Verlag, 2005).

Aus unserem Programm:

ISBN 3-902351-41-1

ISBN 3-902351-65-9

ISBN 3-902351-66-7

ISBN 3-9501316-6-3

ISBN 3-9501316-7-1

ISBN 3-902351-17-9